ARRUMANDO A CASA

Edificando homens, restaurando famílias

Publicações Pão Diário

Arrumando a casa: edificando homens, restaurando famílias
Por Etamar Moraes; Juliano Palmiro e Fernando Dalla Palma

Coordenação editorial: Adolfo A. Hickmann
Revisão: João Ricardo Morais, Marília P. Lara
Coordenação gráfica: Audrey Novac Ribeiro
Projeto gráfico: Rebeka Werner
Diagramação: Ana Lazzarotto
Capa: Gabriel Ruiz Araújo

Dados internacionais de Catalogação na Publicação (CIP)

MORAES, Etamar. PALMIRO, Juliano. DALLA PALMA, Fernando
Arrumando a casa: edificando homens, restaurando famílias
Curitiba/PR, Ministérios Pão Diário

1. Homens 2. Vida cristã 3. Criação de filhos 4. Casamento

Publicações Pão Diário
Caixa Postal 9740
82620-981 Curitiba/PR, Brasil
publicacoes@paodiario.org
www.publicacoespaodiario.com.br
Telefone: (41) 3257-4028

Código: G3903
ISBN: 978-65-5350-614-5

1ª edição: 2025
Impresso no Brasil

SUMÁRIO

AGRADECIMENTOS

Agradecemos, em primeiro lugar, a Deus, que nos presenteou com muitos amigos. Ele uniu nós três como irmãos nesse projeto, onde pudemos nos motivar mutuamente a buscar Deus, para enfrentar as adversidades com a devida perspectiva divina.

Estendemos nossa gratidão ao querido pastor e amigo Roberto Silvado e à sua abençoada esposa Hedy Silvado, que não só nos honraram com o prefácio, mas também foram grandes incentivadores deste projeto. Eles caminharam conosco, aconselharam-nos e caminharam ao nosso lado. Louvamos a Deus pela vida de vocês.

A cidade onde eu estava é Tomazina, interior do Paraná, e a ocasião era uma reunião entre amigos. Entre os presentes estavam eu, minha esposa Indianara e o precioso casal de amigos Carol e Fernando Dalla Palma (Fernandinho). Prestes a nos despedirmos, resolvi lançar um desafio para ele: "Vamos criar um grupo de amigos homens para nos acompanhar em estudos sobre masculinidade, e assim estabelecer um relacionamento de maior intimidade onde todos seremos discipulados e acompanhados em nosso crescimento espiritual mutuamente?". Em uma resposta simples e inesperadamente imediata, o Fernando respondeu:

— Vamos sim! Estamos juntos.

Ao retornarmos para a nossa cidade, Curitiba, entramos em contato com alguns amigos, cristãos e mais chegados, e assim começamos nossos estudos e caminhada discipular de vida na vida, suporte e ombreamento.

Fizeram parte desse grupo de estudos amigos especiais que seguiram firme e constantemente rumo ao propósito maior de buscar assemelhar o nosso caráter ao de Cristo. A partir desse relacionamento intenso, profundo e enriquecedor, surgiu a feliz ideia de escrevermos este valioso livro, um guia prático para ajudar homens, mulheres e famílias a encontrarem paz vivendo dentro dos propósitos divinos.

Também faço um agradecimento especial a minha querida esposa Indianara Kurtes, parceira de uma vida e incentivadora de projetos que honrem a Deus, aos meus filhos amados André e Daniel, que de forma compreensiva entenderam a necessidade de sacrificar-me para que fosse possível escrever este livro, e com isso ter menos tempo com eles.

Tudo posso naquele que me fortalece.

Filipenses 4:13

Tato Moraes

Dedico este livro a minha família: minha amada esposa Maria Isabel, por seu apoio e exemplo de mulher, a razão do meu viver. Aos meus filhos Bernardo e Fabrício, que me fizeram aprender a ser pai. Vocês são os dois seres humanos preferidos da galáxia, são as promessas de Deus na minha vida.

Agradeço aos meus pais, Antônio e Maria, que foram incansáveis para que eu me tornasse um homem digno e honroso. Agradeço a meus discipuladores, Jefferson e Cynthia, que acreditaram, lutaram e se dedicaram a me apresentar a maravilhosa vida com Jesus.

Juliano Palmiro

Agradeço ao Deus Altíssimo por Sua graça e misericórdia derramadas em minha vida. Agradeço a minha amada esposa Carol e ao meu filho Davi por todo o amor a mim entregue. Esse amor é o combustível para o meu viver.

Por fim, sou grato a você, que nos honra com sua leitura e sua intencionalidade em aprimorar-se. Obrigado por aceitar essa difícil, mas incrível jornada de transformação de vida. Acredite, é um caminho sem volta!

Veritas vos liberabit
- A verdade os libertará.
João 8:32

Fernando Dalla Palma

PREFÁCIO

Você quer ser um melhor servo, esposo, pai, profissional?

Quando os autores, Tato, Juliano e Fernando, resolveram transformar em livro os frutos de seus estudos bíblicos, de livros e podcasts, seu intuito foi abençoar outras pessoas, ajudando-os a crescer como aconteceu com eles.

Sem a pretensão de ser um tratado teológico, de psicologia ou de autoajuda, mas sim o compartilhar de suas vivências, os autores usam uma linguagem fácil e direta, tornando a leitura fácil e agradável. Conceitos e valores são passados junto com dicas para sua aplicação no dia a dia.

Cada um de nós exerce funções diferentes com suas respectivas tarefas. Com embasamento bíblico, os autores tocam em cada uma delas. Eles semeiam a esperança de conseguirmos melhorar, crescer, à medida que nos aproximamos de Jesus e da Sua Palavra.

Nosso desejo sincero é que você prossiga lendo para experimentar o que cada capítulo tem a lhe dizer. Quem sabe você vai ser líder de algum grupo de estudo deste livro? Existe uma necessidade grande de lugares para reunir grupos de homens. Será que você poderia abrir sua casa, arrumar cadeiras em volta de uma mesa e possibilitar que pessoas se reúnam para aprender juntos?

Deixe-se usar pelo Senhor!

Que Deus o abençoe!

Hedy Scheffer Silvado e

Pr. L. Roberto Silvado

INTRODUÇÃO

Nos idos de 2018, iniciamos o hábito de realizar estudos de livros cristãos por meio de grupos de homens, alguns destes já com muitos anos de conversão cristã e outros recém-convertidos. Durante esse processo, sentimos que a condução dos aprendizados se dava diretamente pelo Espírito Santo e não pelos participantes.

Alguns de nós tínhamos famílias disfuncionais, mas fomos transformados e, consequentemente, nossas famílias também. Isso não quer dizer que os problemas acabaram, mas que eles puderam ser superados, tratados, curados, pois encontramos no ensinamento de ombrear um ao outro de Jesus Cristo a solução para superar essas dificuldades. Entenda: você não está sozinho! Você não luta sozinho! Aprenda a ter a Jesus ao seu lado. Ele vai lutar as suas guerras.

Sem muito compreender os motivos que nos uniam, fomos criando intimidade divina a ponto de não deixarmos de estudar e compartilhar livros, periódicos, devocionais e materiais que iam pouco a pouco nos edificando. "O ferro se afia com ferro, e uma pessoa, pela presença do seu próximo" (Provérbios 27:17).

Durante a pandemia do COVID-19, pensamos que tudo terminaria, mas mesmo nessa época fazíamos nossos encontros de forma on-line. Logicamente que eles não tinham a mesma graça, pois não havia o olho no olho sincero, o abraço afetuoso, o aperto de mão firme, além do café fresquinho sempre presente.

Em 2023, surgiu a ideia, vinda do Tato, de criarmos um *podcast* para compartilhar com outros homens o que fazíamos há anos, espalhando para muitas outras pessoas toda essa bagagem de aprendizado, e principalmente as bênçãos colhidas nesses tempos de "vida na vida". Assim surgiu o *Arrumando a Casa Podcast*.

Momentos sobrenaturais conduzidos pelo Espírito Santo contagiaram-nos em cada gravação, em cada assunto tratado, em cada convidado carinhosamente escolhido e que amorosamente no agraciava com sua presença. Fomos abençoados muito mais do que esperávamos. Pudemos entender que a construção de um legado se faz de forma simples e descomplicada, buscando apenas levar a prática da Palavra de Deus para os desafios do dia a dia, comuns a tantos homens, de uma maneira didática e assertiva.

Assim surgiu o livro *Arrumando a casa — Edificando homens, restaurando famílias*. Neste livro você encontrará dicas, recomendações, questionamentos, testemunhos e propósitos para colocar em ordem as questões do seu lar. Esse "arrumar profundo" somente foi possível porque nós três tivemos a humildade e a coragem de buscar corrigir a bagunça, aceitando intencionalmente a mudança, buscando-a na Palavra de Deus, sempre tendo ao nosso lado pessoas que nos ombrearam, instruíram, abençoaram com seu conhecimento e tempo. Cada irmão nos ajudou a transformar a nós mesmos, e a transformar nossas famílias em famílias verdadeiramente segundo o plano de Deus.

O título *Arrumando a casa* sugere que você, homem, comece a colocar ordem em sua vida, pois entendemos que somos morada de Deus e que de tempos em tempos temos que realizar faxinas necessárias para prosperar e alcançar a plenitude de nossa masculinidade. Essa mudança começa pelo reconhecimento sincero e verdadeiro de que existem áreas que precisam, frequentemente, da nossa atenção, como casamento, criação de filhos, sexo e pureza mental, resiliência, finanças, trabalho, liderança e saúde mental.

Que este livro possa ser a ferramenta ideal para que você reconheça, na graça divina, que somente Ele, por meio do Seu amor incondicional, gratuito e generoso, pode transformá-lo no modelo de homem de acordo com os planos de Deus.

Desejamos que esta leitura seja um bálsamo revigorante e que ela edifique o seu lar.

Todo aquele, pois, que ouve estas minhas palavras e as pratica será comparado a um homem prudente que construiu a sua casa sobre a rocha. Caiu a chuva, transbordaram os rios, sopraram os ventos e bateram com força contra aquela casa, e ela não desabou, porque tinha sido construída sobre a rocha. Mateus 7:24-25

Tato, Juliano e Fernando

SUGESTÕES PARA A LEITURA E ESTUDO

Este material pode ser usado para edificar você e sua família. Pode e deve ser usado como um guia de estudo para homens, mas que também pode perfeitamente ser lido por mulheres, adolescentes e jovens em preparação para o casamento.

Este livro não tem a pretensão de ser um tratado teológico, mas sim uma importante ferramenta, valendo-se de dicas e recomendações práticas, para ser usada na construção de um novo homem, transformando-o em um esposo e pai melhor.

Dicas para o pleno aproveitamento desta obra:

1. Ore antes e depois de ler cada capítulo. Peça para o Espírito Santo guiar você em toda a verdade. Peça para que as palavras ministradas no texto se tornem luz para sua vida.

2. Deixe que o Espírito Santo conduza cada leitura (ou encontros, caso você realize a leitura em grupo).

3. Sempre leia o capítulo até o fim, podendo fazer dele o seu devocional diário. Quando você interrompe um capítulo no meio, acaba perdendo a linha de raciocínio proposta. Comece um capítulo e não interrompa

a leitura até terminá-la. Fique tranquilo, eles não são longos! Caso não consiga, recomendamos que volte e leia novamente na sequência.

4 Leia apenas um capítulo por dia. Tire um dia para refletir sobre o assunto do capítulo que você leu. Medite sobre ele.

5 Tenha sempre uma Bíblia ao lado. Estude os versículos que foram citados, compreendendo o contexto do texto sugerido.

6 Compartilhe com alguém o conteúdo de cada capítulo. Um dos melhores hábitos que adquirimos ao longo da nossa vida foi esse. Isso ajuda a fixar o conteúdo e até mesmo expandi-lo dentro de nós, além de edificar as pessoas ao nosso redor.

7 Pessoas precisam construir vínculos de apoio, suporte e de confiança, e uma excelente maneira é estudando este livro em grupos de 4 a 6 pessoas.

8 Se for realizar o estudo em grupo, estude e prepare um capítulo por semana.

9 Na reunião semanal, um dos membros será o líder, desenvolvendo a condição e discussão do capítulo.

10 Faça o rodizio entre os líderes, incentivando que a cada semana uma nova pessoa seja responsável por conduzir a lição.

11 Aproveite este tempo para falar de si mesmo, das suas dificuldades, testemunhos e desafios que teve durante a semana. Procure sempre associá-los ao tema estudado.

12 Coloque em prática o que aprendeu.

Deus o abençoe!

Os autores.

1

Liderança masculina

JULIANO PALMIRO

Não foi isso que eu ordenei? Seja forte e corajoso! Não tenha medo, nem fique assustado, porque o SENHOR*, seu Deus, estará com você por onde quer que você andar.*

Josué 1:9

Quem é o sacerdote no lar? Deus determinou que o homem exerça essa função. Quer você queira ou não. Quer você creia nisso ou não. Quer você assuma essa missão e a pratique ou a ignore.

É tarefa do sacerdote ministrar espiritualmente àqueles que foram confiados aos seus cuidados. Como sacerdote, o homem tem que ministrar à esposa e aos filhos. Isso não quer dizer que a família só se move para Deus por intermédio do homem, mas cabe a ele encabeçar essa missão.

Você não nasceu pronto, mas precisa desenvolver essa habilidade. Em Seu "manual", Deus nos fornece as orientações necessárias. Venha conosco por essa jornada que o tornará um homem de verdade!

I. Somos sacerdotes instituídos pelo próprio Criador!

Inicialmente, em nossas famílias, ao desenvolver intimidade com o Senhor, seremos sacerdotes para aqueles que o Senhor quer alcançar. Essa dinâmica está descrita no evangelho: "Ninguém pode vir a mim se o Pai, que me enviou, não o trouxer; e eu o ressuscitarei no último dia" (João 6:44).

II. O que é ser um líder?

A liderança não é constituída por um título simplesmente, ou definida por um cargo. Ser líder é ter seguidores. Esses seguidores são atraídos por um estilo de liderança obtido a partir de um caráter aprovado e de significativos relacionamentos autênticos que produzem crescimento. Um verdadeiro líder é aquele que conduz as pessoas pelo caminho da conquista. Jesus é, sem dúvida, nosso grande Alvo! Ele liderou tendo o amor como Sua principal característica.

O amor de Deus é o principal fundamento de uma liderança eficaz. Um líder deve ter sempre como alvo servir por meio do amor. A capacidade de um líder não é necessariamente fruto de sua personalidade ou de seu carisma, mas sim de seu caráter.

Veja em João 13 o exemplo de liderança de Jesus ao lavar os pés dos discípulos. Com Jesus, aprendemos de fato a exercer a nossa liderança pelo amor que se entrega em serviço. Sua família é o seu primeiro ministério, e você deve amar somente a Deus acima dela. O líder está sempre pronto a servir! Jesus não aguardava ser servido, Ele veio para servir. Serviu ao plano do Pai, serviu às pessoas com quem teve contato, e serve a todos nós como Salvador.

III. Coragem

As pessoas desejam ser lideradas por alguém que demostra coragem. Um líder conquista naturalmente o respeito e admiração de sua equipe (família), quando lidera com firmeza e entusiasmo. Jesus é o perfeito exemplo de equilíbrio entre essa energia e ternura. Ele demonstrou afeição em Suas pregações, em Suas curas, ao confortar as pessoas e ao morrer na cruz. Mas o mesmo Jesus que tomava as criancinhas nos braços pegou um chicote e expulsou os cambistas do Templo.

O Senhor foi um homem de liderança firme e destemida, que derrotou Satanás, expulsou demônios, deu ordens à natureza e censurou os hipócritas. Era detentor de um caráter nobre, com todas as virtudes possíveis. Um caráter que o mesmo Espírito Santo que habitou nele pode recriar em nós. Deus deseja reproduzir esse caráter masculino em todos os Seus servos. Um caráter semelhante ao de Cristo significa a real hombridade!

Em Lucas 13, Jesus diz aos discípulos que assim como um agricultor espera achar figos numa figueira, Deus também espera que a nossa vida dê frutos. Em sua vida, esse fruto é a hombridade, o caráter transformado. Deus nos criou como homens e, em nossa conversão, colocou dentro de nós o Seu Espírito. Agora Ele espera colher em nossa vida o fruto que esse Espírito gera.

Em Lucas 15:2, Jesus afirma que se um galho não der frutos, deve-se podá-lo. Esse mesmo princípio se aplica a nós. Estamos diante de uma escolha: damos frutos ou seremos cortados. Esse princípio de reprodução se aplica a todas as áreas da vida. Mas lembre-se: Deus coloca, por meio de Jesus, os elementos nutrientes da graça, do amor, da verdade e do perdão!

IV. Decisão

Um verdadeiro homem tem a capacidade de tomar decisões. Todos os homens de sucesso que conheço são indivíduos que souberam tomar decisões. Não digo que eles acertaram sempre! Muitos retrocederam, reconheceram suas falhas, arrependeram-se, aprenderam com elas e retornaram para o alvo, Jesus. Coragem de tomar decisões somado à firmeza e liderança é característica de quem tem hombridade. A oração é a parte fundamental na tomada de decisões!

V. O que as esposas desejam?

As esposas desejam que o marido tome decisões, mas que não o faça como um ditador, e sim como um líder. Existe uma enorme diferença entre uma situação e outra: O ditador toma decisões baseadas em suas preferências pessoais, objetivando satisfazer seus desejos egoístas. O líder toma decisões com base no que é melhor para seus liderados. Em cada escolha, apresente tudo diante do altar do Senhor! Envolva a família nesse processo. Ouça a esposa e os filhos, tome suas decisões e ore em todo o processo.

VI. Maturidade

A maturidade é o sinal que avaliza o verdadeiro homem. O segredo do sucesso em qualquer ramo de atividade é assumir responsabilidade pelos erros cometidos. É errado viver "chorando sobre o leite derramado", cheio de remorsos, lamentando os erros do passado. Guardar esses erros já é um erro em si.

Aceitar plena responsabilidade é a maior prova de maturidade! Pensa-se que a maturidade vem com a idade, mas com a idade vem apenas a velhice. Há homens de 18 anos maduros e outros com 60 que ainda não amadureceram. Adquirimos maturidade assumindo responsabilidades, em todos os aspectos da vida.

O grande problema é que vivemos num mundo com cada vez mais homens imaturos. A imaturidade espiritual leva ao pecado, à imoralidade, à conduta antiética e a sucumbir a uma imensa gama de tentações. Esses homens abandonam a liderança espiritual, deixando-a nas mãos das mulheres. Assim, isentam-se de suas responsabilidades, transferindo-as a elas, e tornam-se os maiores conhecedores do sofá, dos jogos de futebol, do controle da TV...

Homens, vocês são os responsáveis! Não há como escapar disso!

VII. Novo nascer

Quando um homem nasce de novo, seus pecados são perdoados, tudo é apagado e seu coração é purificado. Porém, esse novo homem precisa viver no Espírito e, para isso, ele precisa:

a. ler a Palavra de Deus;
b. conectar-se ao Pai por meio da oração!

À medida que estudamos e meditamos na Palavra de Deus, o Espírito Santo vai imprimindo em nós um selo que ficará gravado em nosso coração.

Quanto maior for a quantidade da Palavra que absorvermos, mais semelhantes a ela e a Cristo seremos. Só poderemos ser grandes líderes espirituais de nossa casa à medida que experimentarmos em nossa vida a grandeza de Cristo. João Batista afirmou: "Convém que ele cresça e que eu diminua" (João 3:30). Devemos deixar que Deus produza em nós, por meio do Espírito Santo, os frutos da virtude masculina.

VIII. Assumindo seu papel

Sacerdote do lar, você entende agora o quão importante é levantarmos as mangas da camisa e assumirmos o plano de Deus para nossa vida? Você pode ter iniciado sua jornada de forma errada, por caminhos tortuosos, escuros, passando pelo vale da sombra da morte. Mas, a cada amanhecer, você tem a chance de ter renovada a sua esperança de uma vida nova na presença do Senhor Jesus.

Homens, sejamos intencionais! Sejamos fortes e corajosos! Temos um Deus vivo que quer se relacionar conosco. Experimente o poder transformador, capacitador, consolador, direcionador, restaurador, perdoador, ousado e gracioso de Jesus em sua vida.

Jesus Cristo só terá o controle da sua vida se você morrer para si mesmo e deixar o maravilhoso perfume de Cristo ser manifesto em você e por meio de você. Paulo escreveu em uma de suas epístolas: "logo, já não sou eu quem vive, mas Cristo vive em mim. E esse viver que agora tenho na carne, vivo pela fé no Filho de Deus, que me amou e se entregou por mim" (Gálatas 2:20).

Não existe lugar bom, existe o centro da vontade de Deus. É nesse lugar que o Senhor nos quer. Mas para encontrarmos neste lugar, precisamos ter intimidade com Ele. Isso só será possível quando investirmos tempo em oração. Assim encontraremos a paz que vem dele. Jesus nos prometeu isso ao dizer: "a minha paz lhes dou" (João 14:27).

IX. Passo de fé

Se vocês crerem em mim, viverão eternamente. Se vocês não crerem em mim, morrerão eternamente (veja João 3:18, 11:25-26).

Se você não crer em Jesus, mesmo que esteja vivo neste mundo, morto você está! Pode parecer duro, mas nossa única chance é ser seguirmos o nosso Senhor Jesus Cristo. A escolha é sua! A chance é sua! O passado está na sua mente e o futuro em suas mãos!

Que Cristo seja o coração do seu coração. A alma da sua alma. A vida da sua vida. Assim, você e sua família frutificarão para a Sua glória!

X. Influência no lar

Maridos e pais têm um lugar privilegiado dentro da estrutura familiar. Faz diferença para esposa e filhos se o homem é inseguro, corajoso, preguiçoso ou determinado? É fácil percebermos que sim em questões relacionadas a aspectos materiais, mas esse princípio se estende também para a espiritualidade do lar.

Você é o protetor da sua família, não só financeiramente, mas na alma e nos caminhos da salvação. Não perca a força moral nem a fé. Ao contrário, renda-se a Deus, ore, peça sabedoria, peça que as forças do Senhor sejam sobre você na condução do seu lar!

Se você exerce influência, saiba que também é influenciado pelo contexto ao seu redor, as pessoas que você permite que se aproximem de você. Tenha sempre ao seu lado homens de fé que serão como escadas para seu crescimento espiritual e edificação do seu sacerdócio. Dê um passo de fé e cruze a linha que o separa do Senhor!

Porque eu estou bem certo de que nem a morte, nem a vida, nem os anjos, nem os principados, nem as coisas do presente, nem do porvir, nem os poderes, nem a altura, nem a profundidade, nem qualquer outra criatura poderá nos separar do amor de Deus, que está em Cristo Jesus, nosso Senhor. Romanos 8:38-39

XI. Características essenciais

Integridade: o homem comprometido com a verdade não é *em parte* correto. Ele busca ser *inteiramente* correto.

Retidão: o homem comprometido com a verdade anda nesta direção reta, sem vacilar ou se entregar aos apelos desonestos do mundo.

Fidelidade: o homem comprometido com a verdade não desiste de seus compromissos.

Pureza: o homem comprometido com a verdade não é refém da imoralidade.

Resistência na provação: homens comprometidos com a verdade são diariamente provados. O homem de Deus comprometido com a verdade não é efetivamente conhecido pelo que diz ser, mas pelo que faz.

XII. Dicas práticas para o líder do lar

Assuma a liderança espiritual da sua família.

Orar nos permite conhecer intimamente Aquele a quem oramos, a pessoa por quem oramos e com quem oramos. Ore por sua esposa e seus filhos, e também com eles. Isso aproxima vocês e aprofunda o relacionamento.

Perdoe! O perdão abre o coração, liberta, traz cura, repara. O rancor aprisiona, maltrata.

Cabe ao homem ministrar na sua família. Ministrar é amar.

Deus criou você, homem, para ser líder e mordomo. Tudo pertence a Deus (a saúde, o amor da esposa e dos filhos, o casamento, a terra, o trabalho, os bens, os negócios), mas o que importa é como cuidamos deles e os usamos. É disso que teremos que prestar contas.

Você pode modificar seus próprios hábitos, mas só Deus pode mudar sua natureza.

Busque a Deus e faça o que é certo!

Em relação à sua esposa:

- Reconheça sua esposa como a parte mais importante do seu casamento. Ame sua esposa e demonstre isso a ela.
- Diga à sua esposa que ela é a mulher que Deus escolheu para você.

- Conheça a linguagem de amor da sua esposa e aplique-a na prática.
- Comprometa-se com ela e por ela.
- A união matrimonial é sagrada para Deus e todo homem precisa aceitar uma coisa definitivamente: "Esta e somente esta é de fato a mulher que deveria ser minha esposa". Diga isso em voz alta.
- Saiam os dois juntos, só vocês dois. Apaixonem-se de novo.

XIII. Termo de Compromisso

Se você chegou até aqui é porque quer assumir seu papel e ir além de uma hombridade medíocre. Eu o desafio a viver o maravilhoso mundo novo que é caminhar ao lado de Jesus assumindo seu papel perante os planos de Deus a você, homem, que agora sabe o que é viver em hombridade. Os itens do Termo de Compromisso abaixo devem nortear a sua vida de líder familiar, ensinando aos seus filhos o legado de um pai que vive para a honra e glória de Deus.

1. Enquanto eu viver, serei um seguidor de Jesus Cristo, e Ele será o Senhor da minha vida.
2. Assumo, diante de Deus e da sociedade, total responsabilidade pelos meus filhos e por minha esposa, a quem serei fiel e dedicarei honra e respeito.
3. Vou amá-los, protegê-los, servi-los e ensinar-lhes a Palavra de Deus, como líder espiritual e cabeça do lar.
4. Serei um pai de oração. Assumo o compromisso de orar pelos meus filhos diariamente pela conversão deles, pela escola em que estudam, por seus amigos e para que eles consagrem seus dons e talentos a Deus e à Sua obra.
5. Vou confrontar o mal em todas as suas manifestações, buscar a justiça e praticar a misericórdia.

6. Vou amar meu próximo, orar por ele e tratá-lo com bondade, respeito e compaixão.
7. Vou trabalhar honesta e diligentemente para prover o sustento da minha família.
8. Vou perdoar os que errarem em relação a mim, e pedirei perdão àqueles contra os quais agi erroneamente.
9. Vou aprender com os meus erros, arrepender-me dos meus pecados e andar com integridade como um homem responsável diante de Deus e da sociedade.
10. Vou trabalhar corajosamente, com a força dada por Deus, para cumprir este compromisso pelo resto da minha vida.
11. Assumo, ainda, no caso de algum fracasso, o compromisso de começar de novo, sempre na dependência do Pai Celestial.

Eu e a minha casa serviremos o Senhor. Josué 24:15

ANOTAÇÕES

ANOTAÇÕES

2

Casamento

TATO MORAES

JULIANO PALMIRO

FERNANDO DALLA PALMA

Por isso, o homem deixa pai e mãe e se une à sua mulher, tornando-se os dois uma só carne. Gênesis 2:24

Você sabia que você e o seu casamento podem ser vítimas em potencial do diabo?

O casamento é uma das grandes prioridades de Deus e, certamente, um dos grandes alvos do maligno. Satanás quer enfraquecer seu casamento. Por isso, precisamos encontrar as armas disponíveis na verdade bíblica para vencermos as suas investidas.

Sugiro, então, que você comece a leitura deste capítulo declarando em voz alta que o divórcio não fará parte da sua vida e que as suas ameaças irão parar agora, neste exato momento. Vamos juntos remover todas as barreiras que nos impedem de construirmos lares cristãos, para fortalecer não apenas o nosso casamento, mas também os das próximas gerações.

Quando olhamos para o nosso casamento, devemos nos lembrar que tal união é um ministério para o casal. Este é o local privilegiado para desenvolver um dos tipos mais importantes de amor: o amor servil; foi para isso que Deus aprovou e abençoou tal decisão de unir almas. Veja o que Jesus declarou ao falar sobre o matrimônio: “De modo que já não são mais dois, porém uma só carne. Portanto, que ninguém separe o que Deus ajuntou" (Mateus 19:6).

Este capítulo ajudará você a compreender e praticar o verdadeiro amor que supre as necessidades do outro. Antes de listar as necessidades do marido ou da esposa, quero destacar que a primeira de ambos é a mesma, ou seja, o amor incondicional, exercido a partir do modelo do amor sacrificial de Cristo por Sua noiva, a Igreja.

Maridos, que cada um de vocês ame a sua esposa, como também Cristo amou a igreja e se entregou por ela. [...] No entanto, também quanto a vocês, que cada um ame a própria esposa como a si mesmo, e que a esposa respeite o seu marido. Efésios 5:25,33

I. Vivendo o amor incondicional

Quando nos casamos, nos comprometemos a entregar dedicação e aceitação. Uma vez que amar é ação, devemos todos os dias ser intencionais com nosso cônjuge, na compreensão de suas principais necessidades. Vale lembrar que amor também é uma decisão e não um mero sentimento, pois uma vez que decidimos amar, abrimos nosso coração para a outra pessoa porque o nosso principal desejo é sermos aceitos e amados do jeito que somos, sem tirar nem pôr. Buscamos o que é real, profundo, duradouro e resiliente.

Então, maridos e esposas devem se esforçar para simplesmente amar e receber um ao outro, independentemente de qualquer circunstância externa. Lembre-se que o amor incondicional é cumprir todos os dias aquilo que prometemos na cerimônia de nosso casamento, ou seja, na riqueza ou na pobreza, na saúde ou na doença, declaramos: "Estarei com você". As Escrituras trazem de forma clara e direta o plano do Senhor para o casamento: “Acima de tudo isto, porém, esteja o amor, que é o vínculo da perfeição” (Colossenses 3:14).

Uma vez entendida a primeira necessidade dos maridos e esposas, vamos listar aqui as outras necessidades mais latentes de cada um.

Maridos:

1. Amor incondicional e aceitação
2. Intimidade sexual
3. Amizade
4. Encorajamento e afirmação
5. Intimidade espiritual (conexão espiritual)
6. Intimidade emocional e comunicação

Esposas:

1. Amor incondicional e aceitação
2. Intimidade emocional e comunicação
3. Intimidade espiritual (conexão espiritual)
4. Encorajamento e afirmação
5. Amizade
6. Intimidade sexual

Você deve ter percebido que, exceto os itens 1 (amor incondicional e aceitação) e 4 (encorajamento e afirmação), as demais necessidades listadas são aparecem em ordens diferentes de prioridade.

Sendo assim, segue uma descrição de cada uma das necessidades, com o objetivo de levar clareza para o seu viver diário com o seu cônjuge. Como já falamos do amor incondicional, então descreveremos as outras necessidades na seguinte ordem:

intimidade sexual; intimidade emocional e comunicação; amizade; encorajamento e afirmação; e, por fim, intimidade espiritual.

Quem acha uma esposa acha o bem;
recebeu uma bênção do S*ENHOR*. Provérbios 18:22

II. Intimidade sexual

O homem encontra muito da sua masculinidade na sexualidade, pois ela é parte importante de sua satisfação e percepção própria de valor masculino. Sexo, paixão, agradar a mulher que ama é o que faz um homem se sentir homem.

É relevante entender que os homens são estimulados sexualmente pelo olhar, enquanto as mulheres se estimulam pelo afeto, diálogo e toque. Quando a esposa nega sexo ao seu marido, mesmo que seja por um motivo compreensível, ele naturalmente se sente enfraquecido.

A compreensão por parte das mulheres da necessidade de intimidade sexual dos homens pode evitar muitos problemas em seu relacionamento. A ausência por períodos prolongados da relação sexual levará o marido a nutrir pensamentos de que ele nunca atende as expectativas da esposa, o que o leva a deixar de suprir as necessidades emocionais dela. Então, imagine o ciclo vicioso que se instala! Sem sexo, sem diálogo. Sem diálogo, sem sexo.

Como comunicar à sua esposa que esta é uma necessidade real para você? Mesmo sendo um assunto delicado de se tratar, é importante que os maridos possam verbalizá-lo para suas esposas, buscando também atendê-la na necessidade dela de afeto, toque não erotizado e carinho. Quando ele procura suprir essa demanda, reafirma o seu amor para ela, o que faz com que ela tenha uma reação recíproca. A sexualidade e a masculinidade do homem estão tão interligadas que, quando a mulher se aproxima e o satisfaz sexualmente, essa masculinidade divina é confirmada para ele.

Que o marido conceda à esposa o que lhe é devido, e também, de igual modo, a esposa, ao seu marido. A esposa não tem poder sobre o seu próprio corpo, e sim o marido; e também, de igual modo, o marido não tem poder sobre o seu próprio corpo, e sim a esposa. Não se privem um ao outro, a não ser talvez por mútuo consentimento, por algum tempo, para se dedicarem à oração. Depois, retomem a vida conjugal, para que Satanás não tente vocês por não terem domínio próprio. 1 Coríntios 7:3-5

III. Intimidade emocional e comunicação

Quando pensamos na criação divina, vemos que Deus criou homem e mulher com estímulos sexuais diferentes, ou seja, o impulso sexual do homem está ligado aos seus olhos (excitação visual), enquanto as mulheres têm seus impulsos sexuais ligados ao coração e somente se excitam depois de sentir proximidade emocional e harmonia. A compreensão de tal diferença de estímulos sexuais entre os homens e as mulheres nos leva a concluir que a partilha e o apoio devem acontecer para as mulheres antes da relação sexual.

Diante dos fatos apresentados percebemos que as esposas enxergam todas as coisas de forma interligada, incluindo o sexo, enquanto o homem separa o sexo das outras coisas. Como podemos então suprir a necessidade emocional e de comunicação de nossas esposas? A necessidade de falar que as mulheres têm até virou motivo de piadas, mas é de fato uma de suas maiores necessidades. Quando essa necessidade não é atendida, elas se magoam, pois querem ser compreendidas e assim se conectar com seus maridos. Não apenas ouça, mas ouça com atenção e interesse.

Amar a sua esposa é satisfazer a sua necessidade de intimidade emocional. Para isso, também deve haver esforço e intencionalidade, pois para as mulheres essa é a intimidade mais intensa para um casamento e a melhor maneira de manter essa conexão com o mais íntimo de sua alma. Enfim, vale destacar que homens também carecem disso, e com dedicação e afeto ambos podem ser supridos.

O que podemos fazer diariamente para não deixarmos nosso tanque emocional vazio, principalmente para as mulheres? Vejam algumas sugestões:

a. Busque ter proximidade emocional (sejam bons ouvintes um do outro)
b. Faça de seu cônjuge a sua prioridade máxima. Saber que ambos são preciosos um para o outro. Faça-os sentir que estão acima das outras pessoas.
c. Dedique atenção integral ao cônjuge (evitem distrações enquanto conversam).
d. Demonstre respeito um pelo outro e tenham atitudes de honra um pelo outro (que pode ser feito por meio de elogios e reconhecimento das virtudes de cada um).

"As esposas desabrocham quando se envolvem emocionalmente com os maridos e sabem que estão sendo ouvidas de verdade" (Gary e Barbara Rosberg, 2014).

E também faço esta oração: que o amor de vocês aumente mais e mais em conhecimento e toda a percepção. Filipenses 1:9

IV. Amizade

Quando precisamos muito compartilhar algo que está em nosso coração em momentos importantes, há alguém a quem podemos contar tudo independente da situação? Que tal agora pensarmos em nosso cônjuge como sendo o nosso melhor amigo e nossa primeira opção para partilhar nossas emoções, conquistas e tudo em nossa vida?

Cultivar uma amizade profunda com o seu marido e sua esposa é a atitude primária e crucial dentro de um casamento, pois é básico e bíblico que o marido precisa de sua esposa auxiliadora e a esposa precisa de seu marido líder e atencioso, assim como Adão precisou de Eva e Eva de Adão.

Quando pensamos em amizade, isso nos remete a entendermos que somos vulneráveis (lembrando que vulnerabilidade não é fraqueza), que devemos ser transparentes e sempre estabelecermos uma conversa franca. Essas atitudes colaboram para que compreendamos os pensamentos e sentimentos de nosso parceiro e parceira, uma vez que todos precisamos nos sentir seguros um com o outro para explorar o que está no coração e na mente de cada um.

A construção de uma relação de amizade e respeito entre um casal é o mais belo caminho que percorremos para alcançar outras intimidades. Isso pode ser feito por meio de hábitos saudáveis, como dizer a verdade em amor, perdoar quantas vezes forem necessárias, ser sincero em todos os momentos, mostrar empatia ao ouvir, para entrar no mundo um do outro, mostrar o desejo de ser o melhor amigo dele e dela. Assim, faremos de nossos relacionamentos um lugar seguro, onde enfrentaremos as dores de nossos cônjuges.

O Senhor Deus disse ainda: Não é bom que o homem esteja só; farei para ele uma auxiliadora que seja semelhante a ele. Gênesis 2:18

V. Encorajamento e afirmação

Homens e mulheres carecem de encorajamento e afirmação, porém vemos que a demanda ainda é maior para os homens. É como dizer que os homens necessitam saber que são admirados (o que não significa alimentar o ego); um homem que é percebido como corajoso sente-se honrado. Quando maridos e esposas não são encorajados através de palavras de afirmação, ambos irão se sentir desestimulados e derrotados, e com isso vão buscar aplausos em outro lugar.

Quando somos desafiados a pensar numa rotina onde marido e esposa se ouvem, incentivam-se um ao outro e compartilham o que estão pensando e sentindo, estamos compreendendo de verdade o significado de encorajar. O encorajamento mútuo passa por uma atitude contínua e vigilante do casal que pode se traduzir em realizar todos os dias os seguintes atos:

1. Incentive o seu cônjuge a buscar a Deus e a praticar uma rotina de oração e devocionais, ou seja, a buscar intimidade com Deus e assim ser honrado pelo Criador.
2. Repita palavras como: "Não importa o que aconteça, sei que Deus vai ajudar você a atravessar esse tempo difícil, e eu também".
3. Faça elogios e reafirmem as virtudes um do outro. Separe um tempo para estarem contemplando as qualidades que Deus deu a cada um.
4. Diga palavras de gratidão a Deus pela vida um do outro, afinal foi o próprio Deus quem os uniu e abençoou o relacionamento.

5. Lembre-se constantemente do que Deus fez na vida dele ou dela.
6. Encorajem-se a prestar contas um ao outro ("Você está lutando com algum pecado? Você tem lido a Palavra de Deus e orado regularmente? Tem trabalhado honestamente? Você está atento às necessidades da sua família? Tem enfrentado problemas com pornografia e outras tentações sexuais?"). Mostrar vulnerabilidade e aceitação pode ser um primeiro passo para que o outro se sinta seguro a abrir-se também.
7. Incentivem um e outro a desenvolver um bom relacionamento com os filhos.
8. Reforcem o valor que cada um tem como marido e esposa.
9. Priorize o outro em todo momento e aprecie a participação dele ou dela em atos simples do dia a dia, como elogiar a comida, o conserto de algo em casa etc.

Falar de encorajamento levaria mais algumas páginas deste capítulo. Precisamos, porém, com muita clareza compreender o poder e o impacto criados pelo encorajamento na vida de um casal, pois homens e mulheres encorajados são sinônimo de casamento bem ajustado e equilibrado. Faça pesar na balança de seu relacionamento mais elogios do que críticas.

Isto procede do Senhor e é maravilhoso aos nossos olhos.

Salmo 118:23

VI. Intimidade espiritual

A busca por uma intimidade espiritual deve vir acompanhada de muita intencionalidade e a sua construção é parte fundamental para garantir que o alicerce da relação, Deus, seja continuamente lembrado e sentido. É comum ouvirmos que o casamento são três pessoas convivendo juntas, uma vez que Deus se faz presente na relação do casal. Casamento baseado em Deus é o motivo para estarmos seguros, pois sabemos em quem confiamos e de quem dependemos.

Quando um casal procura viver tendo Deus em primeiro lugar, Ele sempre será o primeiro Pai, o primeiro Provedor e também o primeiro a satisfazer todas as suas necessidades, desde as mais simples até as mais profundas, pois apenas um Deus perfeito pode satisfazer as carências do coração humano. Quando um casal prova do amor do Senhor, que é incondicional, o casamento é preenchido até transbordar.

Como posso viver em intimidade espiritual com o meu cônjuge?

A resposta é simples, mas envolve várias atitudes práticas na rotina de um casal. Aqui seguem algumas sugestões:

1. Criem uma rotina de oração juntos e estabeleçam um horário para que ambos compartilhem antes as suas demandas do dia, sonhos, planos, dificuldades, prestação de contas, confissão de pecados e orem um pelo outro. Assim ambos sentirão que estão unidos e conectados com o Pai Celestial. O casal que ora junto desenvolve intimidade com a pessoa com quem ora e com o Deus a quem ora.
2. Compartilhem suas experiências com Deus, promovam discussões sobre as verdades bíblicas ouvidas durante um culto ou em algum outro evento.
3. Reservem um tempo para fazer juntos uma leitura devocional e também um texto bíblico, façam os seus apontamentos e compartilhem o aprendizado. Louvem a Deus com músicas que acalentam a alma e comtemplem a grandeza e todos os atributos de Deus.

4. Expressem em palavras de gratidão ao Senhor o quanto é maravilhoso viver um relacionamento onde Deus é sentido, percebido e convidado diariamente a estar presente na vida do casal.

Acima de tudo, porém, tenham muito amor uns para com os outros, porque o amor cobre a multidão de pecados. 1 Pedro 4:8

VII. Enfrentando tempos difíceis

Em um dos nossos episódios do *Podcast Arrumando a Casa*, tivemos a honrosa oportunidade de conversar com o querido Pastor L. Roberto Silvado, que trouxe a abordagem sobre as diferentes fases que um casamento irá enfrentar conforme vão se passando os anos de relacionamento. Tais fases foram chamadas pelo renomado autor cristão Gary Chapman como *As quatro estações do casamento* (Editora Mundo Cristão, 2006), onde o mesmo relaciona os tempos de maior harmonia entre o casal como sendo as estações do verão e primavera, e os tempos de conflitos e desajustes como as estações do outono e inverno.

Sabemos que todas as estações duram um determinado período, e assim também serão os momentos vividos em um casamento. Todo relacionamento enfrentará tempos de crise e dificuldades gerados por vários contextos e motivos, como também viverão momentos de harmonia. De forma objetiva, iremos destacar algumas das emoções, atitudes e ações nutridas e vividas por um casal em tempos de crise. São elas:

Emoções: dor, raiva, frustração, solidão e sentimento de rejeição

Atitudes: negatividade, desânimo, frustração e desesperança

Ações: destrutivas, palavras ásperas, silêncio e violência

Ao analisarmos o conjunto de emoções, atitudes e ações descritas anteriormente, conseguimos traduzir o clima que se instala na relação entre o casal e as consequências geradas, uma vez que o relacionamento é marcado por permanecerem distantes um do outro, frieza nas interações, ásperos e rudes no falar e um verdadeiro ambiente amargo. Veja essa descrição da rotina vivenciada por marido e esposa durante o tempo de crise:

Na estação de inverno do casamento, os casais não se dispõem a conversar sobre as diferenças. As conversas transformam-se em discussões, ou os cônjuges se afastam em silêncio. Não há sentimento de cumplicidade. O casamento é como duas pessoas vivendo em iglus separados. (p.36)

As marcas de um tempo difícil vivido por um casal podem ir muito mais além do que já analisamos até aqui, uma vez que há outros desdobramentos como a geração de sentimentos, atitudes e ações que denotam outra estação crítica do casamento chamada outono. Não será mostrada a relação entre os acontecimentos naturais da estação do outono com o clima que se estabelece nas relações entre marido e esposa, pois nosso objetivo é apenas listar para você, leitor, mais uma série de comportamentos que irá ajudá-lo a identificar se o seu casamento está ou não em crise.

Segundo Gary Chapman as grandes marcas do outono no casamento são:

Emoções: medo, tristeza, depressão, apreensão, ressentimento, sentimentos em que a pessoa se sente menosprezada

Atitudes: preocupação, incerteza e culpa

Ações: negligenciar, não enfrentar os problemas

Quando o outono chega para um casal, observamos que o clima estabelecido em sua relação é descrito por Gary Chapman da seguinte maneira:

Desunião, desprendimento. No outono, há dificuldade em identificar a causa do afastamento e enfrentar honestamente os problemas. Existe uma sensação de abandono. Parece que estão separados emocionalmente, e cada um tem a tendência de culpar o outro. Se permanecerem no outono, os amigos e familiares começarão a perceber as mudanças. (p.80)

Convém destacar que um tempo de dificuldade poderá durar vários meses ou até mesmo anos, caso o casal não se disponha a fazer um real enfrentamento dos problemas, o que exige muita disposição e intencionalidade. Caso você tenha identificado durante a leitura deste capítulo que o seu casamento está passando por uma dessas fases ou estações, convido vocês, marido e esposa, a procurar ajuda e a tomar a iniciativa de buscar sair do inverno ou do outono, e migrar para outra estação melhor. A mais animadora notícia é que Deus pode ajudá-los a solucionar os problemas do seu casamento oferecendo a Sua maravilhosa graça e amor. Então, vamos dar os primeiros passos em busca do apoio do Criador e deixá-lo agir.

Contudo, vou oferecer a você um conjunto de ações primárias e prioritárias que cada um dos cônjuges pode começar a tomar buscando restaurar o seu relacionamento. Tais estratégias o ajudarão a passar para estações melhores que significarão um tempo de renovo espiritual, físico e emocional. Vamos a elas:

1. Procure resolver as falhas do passado: identifique as falhas do passado, confesse-as todas ao Senhor, arrependa-se e peça perdão a Deus e ao seu cônjuge.
2. Tome atitudes assertivas: pare de pensar de forma negativa, faça uma lista das virtudes (características positivas) do seu cônjuge e concentre-se nelas, peça a Deus que lhe mostre

possíveis cenários de momentos futuros bons com o seu cônjuge e diga verbalmente o apreço que você tem por ele.

3. Exercite a linguagem de amor do seu cônjuge: identifique por qual dessas expressões de afeto seu cônjuge mais se sente amado: palavras de afirmação, atos que mostram serviço, presentes, tempo de qualidade e toque físico.
4. Desenvolva o hábito de ouvir o seu cônjuge: conversar com qualidade é uma habilidade dada por Deus, pratique-a! Olhe atentamente (evite distrações) para o seu marido ou esposa enquanto conversam e ouçam pacientemente o que cada um tem para falar (ouça com empatia — espere o outro falar, sem interrupções).
5. Ajude o seu cônjuge a ter sucesso: todos temos um potencial de causar um impacto positivo no mundo, tudo irá depender do que fazemos com as nossas habilidades.
6. Tire o maior proveito possível das diferenças: quando Deus instituiu o casamento entre homem e mulher, Ele sabia que os dois se complementariam nas diferenças e formariam uma abençoada unidade.
7. Exercite o poder de influenciar positivamente o seu parceiro ou parceira: Lembre-se de que somos influenciados pelo que ouvimos e vemos.

Tome a iniciativa. Seja sempre muito intencional e corajoso. Deus aprova uma atitude proativa em um pai de família; busque a orientação dele a cada passo, e Ele lhe trará um novo tempo de bênçãos e conquistas.

Deus é sempre por nós.

Agora, pois, permanecem a fé, a esperança e o amor, estes três; porém o maior deles é o amor. 1 Coríntios 13:13

ANOTAÇÕES

ANOTAÇÕES

3

Sexo, vida sexual e pureza sexual

TATO MORAES

Portanto, façam morrer tudo o que pertence à natureza terrena: imoralidade sexual, impureza, paixões, maus desejos e a avareza, que é idolatria. Colossenses 3:5

Se dermos ouvidos aos gritos e às vozes que se levantam hoje em nossa sociedade, vamos acabar crendo que o caminho para a felicidade humana está na permissividade sexual. É muito comum encontrarmos em várias mídias sociais, e também nos meios tradicionais de comunicação, discursos inflamados de influenciadores que pregam: "Façam o que lhe dá prazer".

Infelizmente, milhares de pessoas (homens e mulheres) são levadas por essa busca desenfreada do prazer, acreditando que tais coisas devem nos tornar mais felizes e saudáveis.

Será que realmente isso é verdade?

Ao vivermos, percebemos que as sociedades são regidas por leis. Também na criação, Deus estabeleceu leis físicas, como a inércia e a gravidade, e leis espirituais; quando violamos tais leis, sofremos as consequências dessa desobediência.

Aquilo que semeamos, um dia colheremos, mesmo que demore (veja Gálatas 6:6-9). Você já comparou a quantidade de sementes lançadas ao solo e as que são reunidas na colheita? Uma única semente gera muitas espigas! Da mesma forma, sempre que lançamos em nossa vida sementes que não agradam a Deus, os resultados são desastrosos. Colhemos mais do que semeamos, pois as nossas paixões gritam dentro de nós e não dão ouvidos a nenhuma ponderação ou argumento, exigindo satisfação, seja qual for o preço a se pagar. Muitas pessoas não conseguem enxergar isso!

Neste capítulo, observaremos que existe uma saída para essa situação. Vamos juntos identificar um mapa para essa esperança. Nossos desejos ardem descontrolados, mas quando nos submetemos a Cristo, somos libertos.

I. O sexo é uma dádiva espiritual

Quando fomos criados, a ordem dada por Deus foi que enchêssemos a Terra. Afinal, sendo o ser humano a Sua principal obra, uma vez que fomos feitos à imagem e semelhança do Criador, era preciso que homem e mulher participassem do projeto divino da humanidade. Para isso, Deus criou algo muito agradável chamado relação sexual, a fim de estimular a procriação e consequentemente o aumento da raça. Vamos incluir neste contexto que a dádiva do sexo também foi para que homem e mulher pudessem encontrar na relação sexual prazer e satisfação física e espiritual.

Sexo: Prazer físico e espiritual

Ao lermos a primeira carta de Paulo à igreja de Corinto, podemos confirmar que o sexo é também um ato espiritual: "Ou não sabem que o homem que se une à prostituta forma um só corpo com ela? Porque, como se diz, 'os dois se tornarão uma só carne'" (1 Coríntios 6:16). O apóstolo Paulo está se referindo aqui a uma união que vai além do ato corporal, mas sim um tipo de união espiritual que só pode ser correta e plenamente praticada no casamento.

Podemos concluir que só podemos ser plenamente realizados se nos unirmos ao nosso cônjuge num plano espiritual, além do físico, o que explica o fato de muitas pessoas se sentirem enfermas em consequência da prática sexual extraconjugal. O que ocorre nesses casos é que o sexo pode proporcionar uma satisfação física, mas sem a satisfação espiritual as pessoas ficam magoadas. Devido à grande intimidade do ato sexual, ele só poderá ser satisfatório se for repetido com a mesma pessoa, o que exigirá uma dedicação total a uma única pessoa.

Quando entendemos tais dimensões do sexo, podemos perceber que não se pode ter satisfação plena sem confiança, e a melhor maneira de conquistar essa confiança é praticar o sexo somente depois do casamento, pois casar-se representa o compromisso com a totalidade do ser.

II. Buscando a pureza sexual

Fujam da imoralidade sexual! Qualquer outro pecado que uma pessoa cometer é fora do corpo; mas aquele que pratica imoralidade sexual peca contra o próprio corpo. Será que vocês não sabem que o corpo de vocês é santuário do Espírito Santo, que está em vocês e que vocês receberam de Deus, e que vocês não pertencem a vocês mesmos? Porque vocês foram comprados por preço. Agora, pois, glorifiquem a Deus no corpo de vocês. 1 Coríntios 6:18-20

Nosso corpo pertence a Deus, e é o santuário do Espírito Santo. Assim Paulo defende a necessidade da pureza sexual com base nessa relação de propriedade. Quando reconhecemos a propriedade divina sobre nós, devemos fazer sacrifícios diários para submetermos nossos desejos a Jesus.

As tristes consequências da imoralidade sexual podem ser claramente vistas. Quando não controlamos nossas paixões mais ardentes, somos capazes de atos de crueldade devido à consciência morta que é gerada. O apóstolo Pedro traça uma relação clara entre a imoralidade sexual e consciência morta nas seguintes palavras: "Assim, o Senhor sabe livrar da provação os piedosos e manter os injustos sob castigo, para o Dia do Juízo, especialmente aqueles que, seguindo a carne, andam em desejos impuros e desprezam qualquer autoridade. Atrevidos, arrogantes, não temem difamar os gloriosos seres celestiais, ao passo que anjos, embora maiores em força e poder, não proferem contra essas autoridades sentença difamatória na presença do Senhor. Esses, porém, como animais irracionais, seres guiados pelo instinto e que nascem para serem capturados e mortos, falando mal daquilo que não entendem, na sua destruição também hão de ser destruídos, recebendo injustiça como pagamento pela injustiça que praticam. Encontram prazer na satisfação de seus desejos libertinos em pleno dia. Como manchas e defeitos, encontram satisfação nas suas próprias mentiras, enquanto se banqueteiam com vocês. Eles têm os olhos cheios de adultério e são insaciáveis no pecado. Enganam almas inconstantes e têm o coração exercitado na avareza, essa gente maldita" (2 Pedro 2:9-14).

Nesse contexto vamos incluir a triste ironia do pecado sexual que promete inúmeros prazeres e liberdade. Entretanto, tal liberdade não existe, pois nota-se que a satisfação diminui enquanto os desejos aumentam, e assim quando se chega a um ponto, descobre-se que tem que ir mais adiante porque, para manterem os níveis da satisfação erótica, será necessário buscar novos estímulos. Os vícios como pornografia e uma prática sexual desregrada geram violência. Isso pode ser claramente percebido quando um crime de natureza sexual, como pedofilia e estupro, é noticiado. Durante as investigações que são feitas nas casas dos criminosos, descobre-se a presença de muitos materiais de pornografia e artigos de perversão. Vamos incluir aqui outras práticas pecaminosas decorrentes da imoralidade sexual como a objetificação da mulher gerada pelo consumo de pornografia, uma vez que muitas cenas não revelam um amor terno e comprometido. Inclui-se aqui práticas como sadomasoquismo.

A tristeza do cenário humano de queda e corrupção pelos pecados sexuais é permanente. Nos dias atuais, a permissividade sexual tem acentuado o caráter de uma sociedade onde a moralidade não passa de uma questão de "preferência pessoal". Que diferença irá fazer um detalhe do outro? Numa mente e consciência poluídas, tudo é permitido. Veja Tito 1:15-16: "Todas as coisas são puras para os puros; mas, para os impuros e descrentes, nada é puro. Porque tanto a mente como a consciência deles estão corrompidas. Afirmam que conhecem a Deus, mas o negam por meio do que fazem; é por isso que são abomináveis, desobedientes e reprovados para qualquer boa obra".

Sabemos que não existem soluções fáceis para os problemas da tentação sexual, mas podemos enfraquecê-los à medida que buscamos tais soluções na Palavra de Deus. Seguem aqui algumas práticas que o ajudarão a enfrentá-los e a ser vitorioso nesta batalha:

1. Desenvolver uma mente de louvor: quanto tempo por dia você louva a Deus? Deseje ter uma consciência pura para o louvor e glória de Deus, o que também refletirá em uma boa família e no verdadeiro sucesso na vida. Sendo assim, comece a se esforçar intencionalmente para reconhecer as boas obras de Deus na sua vida, assim como a Sua graça permanente e o Seu amor incondicional. Em resposta a isso tudo, diga

frequentemente frases de louvor no momento da tentação, e comece a cantar músicas de exaltação a Deus, pois dessa forma sua mente se constrangerá e seu coração se encherá de temor e gratidão, além de aumentar a sua comunhão com Ele.

2. Meditando nas Escrituras. Há aqui algumas mentiras contadas ao longo dos anos que precisamos expulsar da nossa mente: "Por que tenho que limitar meus desejos, já que foi Deus que me deu cada um deles? Deus é injusto"; "Podemos pecar secretamente se formos cuidadosos e não prejudicarmos ninguém"; "O que tem de mal em realizar um prazer erótico? Posso conviver com um mundo de fantasias e ainda assim ser um bom cristão". A melhor forma de rejeitar esses enganos e outros mais é começar afirmando para si mesmo: "são mentiras" e, em seguida, meditar na verdade, pois o próprio Cristo orou ao Pai, dizendo: "Santifica-os na verdade; a tua palavra é a verdade" (João 17:17). Ao lermos a Bíblia e meditarmos em suas palavras, aplicaremos o princípio da substituição falado por Jesus em Lucas 11:26, quando citou um homem que havia sido possesso por demônios. Depois que foram expulsos, ele andou por lugares áridos buscando descanso. Mas não encontrando, voltou para a sua antiga habitação que ainda estava desabitada, varrida e em ordem para a satisfação dele. No entanto, embora aquele homem tivesse ficado liberto por um tempo, ele não colocou nada de bom no lugar do demônio. Quando este voltou, trouxe com ele mais sete, ainda piores do que ele, e o estado daquele homem ficou pior do que antes. Sendo assim, é importante que a nossa mente esteja purificada, mas também preenchida com Palavra de Deus.

Invista tempo na leitura e devocional, e procure dedicar pelo menos 20 minutos diários para a Palavra de Deus, memorizando versículos e fazendo orações que incluam confissão de pecados, gratidão, pedidos e adoração. Complemente esse tempo cantando louvores.

III. Alimente a sua mente

Você já deve ter ouvido história de um homem que dizia que havia dentro deles um cão bom e um mau? E quando alguém lhe perguntou qual era o mais forte, ele respondeu: "Aquele que eu alimento melhor!".

Muitos de nós deixamos a nossa nova natureza morrer de fome a ponto de não termos mais apetite pelas Escrituras, o que torna cada vez mais difícil para recuperá-lo. Para alimentar a sua mente, comece colocando a primeira peça da armadura de Deus (Efésios 6) em sua cabeça, que é o capacete da salvação. Entenda que a melhor maneira de renovar a sua mente é memorizando versículos diariamente. Leia várias vezes capítulos inteiros até que a verdade neles contida penetre em sua mente para sempre, e assim o capacete estará bem preso.

Seja rude com os seus pensamentos maus. Imagine que sua mente seja como sua casa, onde você tem o controle total sobre quem pode entrar e quem deve ser expulso dela. Quando a lascívia, a cobiça, a ingratidão e outros pensamentos quiserem entrar, você não dará a eles a mínima satisfação. É como se fosse alguém batendo em sua porta em plena madrugada. Por mais agradáveis que sejam as palavras daquele sujeito, você não está com vontade de conversar. Mantenha a porta trancada e leve o problema para o seu novo senhorio.

De tudo o que se deve guardar, guarde bem o seu coração, porque dele procedem as fontes da vida. Provérbios 4:23

ANOTAÇÕES

ANOTAÇÕES

ANOTAÇÕES

4

Educação de filhos e relacionamentos familiares

JULIANO PALMIRO

*Herança do Senhor são os filhos; o fruto do ventre,
seu galardão. Como flechas na mão do guerreiro, assim são
os filhos da sua mocidade.* Salmo 127:3-4

I. Jornada bíblica

Criar filhos não é brincadeira! Todavia, é um relacionamento que pode nos trazer grande alegria e realização. Filhos são flechas que lançamos em direção a um mundo perdido. Não podemos retê-los nem os desperdiçar, atirando-os em qualquer direção ou deixando-os ao léu. Você tem uma perspectiva bíblica sobre criação de filhos? Como Deus deseja que conduzamos esse enorme privilégio e responsabilidade?

O propósito de Deus é criar novos adoradores que o adorem em espírito e em verdade, seguindo a grande comissão dada por Jesus: "Vão por todo o mundo e preguem o evangelho a toda criatura" (Marcos 16:15). A tarefa dos pais será resgatar a imagem de Deus nos filhos, levando-os até a cruz e fazendo-os viver a nova vida sob a graça da ressureição de Cristo Jesus. Como Paulo ensina, devemos "criá-los na disciplina e na admoestação do Senhor" (Efésios 6:4). Só a dependência de Deus pode sustentar os pais nessa tarefa árdua e complexa: a missão de levar os filhos a um relacionamento com Deus por meio de Jesus.

II. Flechas para o alvo

O Salmo 127 destaca o valor dos filhos: "Herança do SENHOR são os filhos; o fruto do ventre, seu galardão. Como flechas na mão do guerreiro, assim são os filhos da sua mocidade. Feliz o homem que enche deles a sua aljava; não será envergonhado, quando enfrentar os seus inimigos no tribunal" (vv.3-4).

Filhos são herança. Herança sugere força, segurança e permanência. Assim os filhos garantem a continuação dos valores que lhe são preciosos. Deus é o autor da vida e é Ele quem dá à família a bênção dos filhos.

Filhos são galardão. A Bíblia fala dos filhos como uma recompensa que vem do Senhor. Deus vê os nossos filhos como um tesouro incalculável.

Filhos são flechas. Como flechas, os filhos representam uma forma de proteção para os pais: uma defesa contra a solidão, um auxílio na enfermidade, um socorro presente na velhice. Mas como flechas, eles precisam ser direcionados. Se a família deixar o Senhor edificar a casa e ser o construtor do lar, os filhos serão atirados ao alvo certo (Jesus). Flechas mal direcionadas, sem rumo, com frequência ferem o coração dos pais.

Filhos são uma bênção. Como é feliz aquele que tem filhos! O termo descreve o benefício que os filhos trazem ao lar. Para os pais, cada filho é fonte de vida, alegria, proteção e orgulho. Cada filho é a representação da imagem de Deus, que deve ser protegida e criada com todo cuidado.

A família que edifica seu lar na dependência do Senhor, em vez de dedicar a vida à busca de tesouros materiais, cria vidas preciosas e verdadeiramente abençoadas em tudo que realizar.

"Corrija o seu filho, e você terá descanso; ele será um prazer para a sua alma" (Provérbios 29:17). Que esperança! Que privilégio!

III. Sob o olhar dos filhos

Eu lhe afirmo que a melhor atitude que você pode ter em relação à sua família é amar mais a mãe dos seus filhos. E a melhor coisa que uma mãe pode fazer a um filho é amar seu marido. Quando os filhos sabem que os pais se amam, há uma segurança intrínseca em seus olhares, corações, atitudes e pensamentos. Essa constatação planta nelas algo sobrenatural que os faz perceber, sem praticamente qualquer explicação, o caráter do amor de Deus.

O amor compartilhado pelo casal não será apenas sentido por ambos, mas por todos à volta. Quando uma criança vê a relação de amor entre os pais, seu amor é ampliado e as alegrias e prazeres da vida são multiplicados numa progressão geométrica. Já uma criança que vive no meio de uma relação conflituosa entre os pais, sem a demonstração do amor entre o casal, vive insegurança, medo, angústia, desespero, depressão.

Seja intencional com sua esposa. Demonstre, diante do olhar de seus filhos, atos de amor, gentileza, cordialidade, hombridade: abra a porta do carro, lave a louça, arrume a cama, dê pequenos presentes, prepare as refeições para ela, arrume a mesa, puxe a cadeira para ela se sentar, ande de mãos dadas, escreva cartas de amor. Viva um amor profundo, permanente, real e visível entre pai e mãe! Você colherá os frutos desse amor na vida dos seus filhos.

Quem não ama não conhece a Deus, pois Deus é amor. 1 João 4:8

IV. Compartilhar momentos

Não há nada mais gratificante para a família que passar momentos juntos. Esses momentos criam memórias em todos e essas permearão a vida dos seus filhos para sempre. As tribulações do dia a dia nos levam a sermos mais frios, distantes, entediados com a rotina desgastante. Sendo assim, dedique um tempo para rir em família, para confraternizar sem ter motivos, para deixar o mau humor de lado, para apreciar como Deus apreciou o que Ele criou à Sua imagem e semelhança (e Ele disse: "Ficou muito bom!").

Deus quer que sejamos felizes, plenos, repletos da Sua graça. Tendo tudo isso que o Pai nos dá e deseja que tenhamos, temos motivos de sobra para rirmos até mesmo nas tribulações, pois servimos a um Deus que nunca nos abandona nem nos desampara.

V. Sentados à mesa

A cozinha é um local sagrado na instituição familiar. É ali que ocorrem as melhores conversas, as maiores interações. A mesa que é partilhada em família é a maior chance que você tem para passar tempo de qualidade com seus filhos e esposa.

Quando estiverem à mesa, desliguem o celular, *tablets*, a televisão ou qualquer outro aparelho, orem juntos de mãos dadas, peçam aos filhos para que orem também. Aproveitem o momento para saber como eles estão na escola, o que os amigos deles pensam, o que fazem em suas casas, qual a fé dos pais deles, qual é a brincadeira que eles fazem no intervalo das aulas. Isso criará momentos de intimidade, confiança, compartilhamento e segurança por parte dos filhos.

Aprenda a ouvir seus filhos, ouvir suas dores, suas vitórias, reclamações, desafios e derrotas! Estudos demonstram que as crianças fazem em média meio milhão de perguntas até os 15 anos! Essa é a sua chance de interagir meio milhão de vezes com seus filhos.

Olhe nos olhos dos seus filhos, ouça com o olhar e com o coração. Aproveite cada momento. Quando falamos sobre nossos medos, eles perdem seu poder. Viva momentos de comunhão com seus filhos e com sua esposa, alguns com todos juntos e outros somente o casal. Isso é essencial para o casamento. Para os filhos, funcionará como tempo precioso de crescimento, segurança, amor, oração, entendimento e comunicação.

Jean-Jacques Rousseau escreveu: "O treinamento de crianças é uma profissão na qual nós devemos saber perder tempo a fim de ganhá-lo". Ouvir com atenção, intenção e ação. Pratique a escuta ativa. Ouça com inteligência.

Os propósitos do coração humano são como águas profundas, mas quem é inteligente sabe como trazê-los à tona. Provérbios 20:5

VI. Testemunhos

Não perca a chance de testemunhar a seus filhos o que Deus faz na sua vida. Seja honesto, pois como pais lutamos e vivemos tentações semelhantes às de nossos filhos. É necessário compartilhar as vitórias e sucessos, mas também suas derrotas e seus fracassos. Isso é fundamental quando a criança estiver desencorajada.

Em algumas situações, dizer que quando criança você também tinha medo (de escuro, de altura...) o encorajará a superar, pois perceberá que isso é comum a muitas pessoas. Ao admitir que já teve os mesmos problemas que eles têm, você dá a eles esperança e os ajuda a enfrentar as dificuldades da vida. Perceber que seu pai, a quem admira, lutou as mesmas batalhas e teve as mesmas dificuldades concede coragem à criança e desperta a vitória existente no seu coração e mente. Nossos lares não são perfeitos, mas são lares que devem servir como exemplo para superar os medos, erros, dificuldades, exercendo o perdão e mirando para a cruz e nos apoiando sempre em Jesus. Um pai precisa experimentar o amor de Deus para ser capaz de compartilhar esse amor com sua família.

VII. Pais sábios

Deus entrega aos pais a responsabilidade de educar seus filhos.

Muito comumente criamos nossos filhos como fomos criados por nossos pais! Mas se faz necessário uma reprogramação para o modelo bíblico de criação de filhos. Se os pais não aprenderem a educar os seus filhos, o mundo o fará. O plano de Deus para cada pai que vai a Jesus é de voltar seu coração para o coração dos seus filhos.

As crianças desejam ansiosamente a aprovação dos pais. Crianças sem um relacionamento próximo com seus pais têm uma grande probabilidade de ter problemas. A Bíblia nos ensina a educarmos os filhos baseados no caráter. Disciplinar significa moldar o caráter. Refere-se a recompensar uma criança pelo bom comportamento e puni-la pelo mau, instruí-la e infundir nela sabedoria, educá-la e estimulá-la, sendo o exemplo que ela possa seguir.

O que retém a vara odeia o seu filho; quem o ama, este o disciplina desde cedo. Provérbios 13:24

O grau de intimidade que uma criança tem com seu pai tem grande impacto na sua autoimagem. Para isso, você precisa passar tempo com ela. Deixe o Senhor tocar primeiro o seu coração, para que assim você possa imprimir valores e verdades de Deus em seus filhos. Pais sábios têm a missão de edificar positivamente a autoestima de um filho. Para isso, devem usar palavras adequadas.

Alguns problemas que vocês enfrentam em casa são oportunidades dadas por Deus para edificar e reparar seus relacionamentos. Uma repreensão pode edificar seus filhos se feita sabiamente e sem ira. Seus filhos anseiam profundamente por sua aprovação e querem agradar. Quando você diz a seus filhos que você sabe que eles são homens melhores do que suas ações demonstram, eles se alegram secretamente porque você demonstrou acreditar neles.

O que você diz pode salvar ou destruir uma vida; portanto, use bem as suas palavras e você será recompensado. Provérbios 18:21 (NTLH)

VIII. Técnico dos adolescentes

Cada fase guarda suas próprias características. Existem os dois caminhos na condução da educação dos adolescentes: o controle ou o treinamento. A adolescência é uma fase especial e cabe ao pai o papel de ser o técnico do adolescente, e não o jogador que entra em campo com ele.

A cada ano, deve-se atribuir mais responsabilidade através da criação de um ambiente de confiança e amor, deixando-os agir, deixando que eles cometam seus erros (monitorados) e assumam suas consequências. Nós aprendemos muito mais com nossos erros que com nossos acertos. Se não deixarmos nossos adolescentes pensarem, tomarem decisões e fracassarem, eles nunca aprenderão. Nós prejudicaremos nossos filhos em sua capacidade de raciocinar, avaliar diferentes opções e tomar boas decisões. Eles precisam dessa autonomia e os pais são os responsáveis por permitir essa evolução.

Como técnicos, cabe a nós o foco no treinamento, na capacidade de pensar e de tomar boas decisões. Não podemos colocar o foco da nossa missão no controle, mas sim no ensino e orientação.

As primeiras decisões importantes que os filhos começam a tomar acontecem na adolescência. Nesse estágio da vida, em famílias cuja tônica é o controle, provavelmente os filhos tomarão decisões quando os pais não estiverem por perto, e muitas vezes envolvem álcool, sexo ou drogas. Se nossos filhos não passarem pela experiência de tomar suas próprias decisões e sofrerem as consequências, o custo das más escolhas poderá ser extremamente alto. O processo que cabe ao pai é de ajudar os filhos a pensar e a tomar boas decisões. É um dos maiores presentes que vocês podem lhes dar.

O relacionamento próximo, desenvolvido ao longo dos anos, será essencial nessa fase, pois com ela vem a comunicação aberta e a confiança mútua. Assim, seus filhos serão adultos seguros, independentes e responsáveis.

Mesmo que você não tenha feito nada do que está aqui descrito, saiba que ainda há tempo. Deus está sempre à disposição para ajudar os pais que o buscam de todo coração a superar as barreiras e vencer na condução da família. Você é o homem, o modelo, o líder que seus filhos querem imitar. Peça perdão e recomece.

Tenha o objetivo de fazer com que seus filhos tenham excelência de caráter, estejam seguros de quem são, estejam capacitados para andar com Deus e cada dia mais bem preparados para a vida.

Vocês me buscarão e me acharão quando me buscarem de todo o coração. Jeremias 29:13

IX. Atos de bondade

Somos seres criados à imagem e semelhança de Deus, e isso nos torna seres espirituais. O Senhor é a fonte de onde deriva tudo o que há em nossa vida. Cada ação e gesto reflete Deus em nós. As pequenas atitudes podem fazer-nos felizes ou tristes, podem construir ou destruir relacionamentos, amor, confiança e unidade.

A vida pode ser vista pela beleza do amor expresso de uma forma pequena, mas graciosa. Os pequenos atos de bondade e amor têm um poder que nunca devemos subestimar. Um simples toque de mão, um sorriso amoroso, um elogio cuidadoso, um carinho, um muito obrigado, uma oferta de ajuda, um pequeno presente selecionado com cuidado podem transmitir afeto que aquece o coração durante muito tempo.

Expressões como "Eu te amo" e "Sinto muito" enriquecem tanto quem diz como quanto quem ouve, enquanto sua ausência permite que a frieza se instale. Você tem demostrado amor aos seus filhos e às pessoas ao seu redor (para que eles o vejam fazendo isso) através de palavras amáveis, gestos de amor, bondade, gratidão, compreensão, empatia, compaixão e justiça? Ou você tem usado mais os sentimentos de reprovação, desapontamento, rejeição, preconceitos, vingança, zombaria? Ao prestar mais atenção nas pequenas coisas, procure remover do seu vocabulário frases como "Você sempre..." ou "Você nunca...". Elas podem ser verdadeiras em alguns momentos, mas carregam farpas, destruindo e afastando as pessoas.

Você sai do caminho para ajudar os outros? Quando permeamos os momentos com pequenas gentilezas e palavras de amor, colhemos abundantemente beleza e bênção. O pai tem um importante papel no processo de marcar a vida de sua família, especialmente seus filhos, com pequenos gestos de bondade, pequenas atitudes que manifestem amor, pequenos sinais da graça presentes no contexto familiar.

Lares são feitos de pequenos gestos felizes, de pequenas gotas de orvalho regadas por Deus a cada amanhecer. Não são as grandes tragédias que acabam com os casamentos e famílias, mas os pequenos espinhos plantados diariamente. Ao olhar para sua vida, quais pequenos gestos você percebe em sua família? Pequenos gestos contam histórias, moldam personalidades, mudam ambientes, geram sentimentos e podem marcar uma geração.

É preciso intencionalidade, disposição e percepção para entender a necessidade do outro, o que toca o coração, o que ressignifica a realidade. Precisa-se também compreender a dor de quem está próximo a nós. Levar em consideração as pequenas dores dos nossos filhos fazendo delas oportunidades para pequenos gestos de amor.

Quando pensamos na espiritualidade, os pequenos gestos são a matéria prima na construção edificada na rocha eterna que é Jesus.

X. Amar e ser amado

As crianças constroem sua autoimagem a partir do que acreditam que seus pais pensam delas. Amar e ser amado representam pertencimento. Nada completa mais a vida de uma criança do que se sentir amada e, assim, ter a certeza de pertencer a uma família.

Esse sentimento influencia profundamente nossa vida, pois está associado ao desenvolvimento da nossa identidade. Você tem nome e sobrenome, tem um pai, uma mãe, faz parte de uma família, mora em determinado local, há pessoas que gostam e se importam com você, e você gosta e se importa com essas pessoas.

Se os filhos não sentem que pertencem à família, e que a lealdade e o amor fluem para eles e deles, muito em breve encontrarão em outros grupos esse pertencimento. Quando há senso de pertencimento e valor real na vida dos filhos, eles entram no mundo fortes, sentindo-se amados e aceitos e com a capacidade de amar e aceitar os outros. Quando não há senso de pertencimento, um sentimento de perda, solidão e falta de amor se instala. Para desenvolver esse sentimento à sua família, você deve:

1. Levar mais tempo nas refeições e aproveitar para compartilhar experiências e acontecimentos do dia.

2. Tornar a hora de dormir o momento de ler para os filhos, orar com os filhos, contar histórias, cobrir os filhos, dar beijo de boa noite. A hora de dormir é excelente para construir memórias em seus filhos.
3. Ter momentos de lazer juntos, com jogos, brincadeiras, projetos... Assim, eles desenvolverão espírito esportivo, consideração, respeito mútuo, justiça, valorização uns dos outros, e aprenderão a perder.
4. Afastar o sofá, sentar no chão e brincar com seus filhos. Eles estão sempre dispostos a brincar.
5. Ensiná-los a valorizar as pessoas.
6. Decidir as coisas juntos em família, incluindo-os nas decisões que sejam pertinentes a cada faixa etária.
7. Envolvê-los nas funções domésticas e nas responsabilidades com a casa. Apesar de muitas vezes reclamarem, isso desenvolverá um forte senso de segurança e pertencimento, além do cuidado corporativo e do autocuidado.
8. Verbalizar a seus filhos o quanto eles são importantes para a família, e que têm um lugar no afeto e no sucesso dela.
9. Não impor regras rígidas de adoração em família, mas demonstrar por atos o amor e a compaixão de Deus. Eles perceberão as verdades espirituais que permeiam a família.
10. Compartilhar a sua fé com seus filhos.
11. Ser o reflexo do amor de Deus, como o primeiro transmissor desse amor aos filhos.
12. Tocar seus filhos de forma amorosa e respeitosa, para que eles percebam que são amados.
13. Orar com seus filhos e orar por seus filhos. Peça que orem por eles, por vocês, pelo alimento, pela escola, pelos amigos, pela família, pela igreja, pelo reino de Deus.

Esses momentos construirão a base para filhos fortes e corajosos. Eles saberão que pertencem a uma família terrena amorosa, e terão a certeza de que pertencem à família do Pai Celestial.

Mas, a todos quantos o receberam, deu-lhes o poder de serem feitos filhos de Deus... João 1:12

XI. Convivência familiar — avaliação

Deus tem o prazer de conviver conosco, de estar continuamente com Seus filhos. Ele quer partilhar e participar de cada etapa, pois sabe que o mais importante é a convivência. Fortaleça seus vínculos na convivência com seus filhos.

Agora chegou a sua vez de fazer uma avaliação e reflexão sobre como está a sua convivência familiar. Responda a si mesmo, reflita, anote pontos a mudar ou a aprimorar aquilo que tem feito:

- Como você tem feito as refeições em família?
- Você compartilha com seus filhos e esposa, e os ouve?
- Como é a hora de dormir?
- Quais momentos especiais de carinho e amor você tem demonstrado?
- Você tem tempo livre para seus filhos? Com cada um em particular?
- Você tem tempo de qualidade com sua esposa?
- Você decide junto com sua família ou individualmente?
- Seus filhos participam das tarefas do lar?
- Quais responsabilidades seus filhos têm assumido?
- Você cumprimenta o servente, o porteiro, o gari, o mendigo? Ou eles são invisíveis a você?
- Você brinca com seus filhos? Joga com seus filhos? Assiste a filmes com seus filhos? Vocês leem a Bíblia juntos?

- Você agradece pequenos favores?
- Você conta histórias?
- Você olha nos olhos com sinceridade?
- Você fala sobre sua infância?
- Você abraça afetuosamente?
- Você respeita os idosos? Respeita os que têm necessidades especiais? Ensina seus filhos a respeitar os que são diferentes de vocês?
- Você sorri?
- Você elogia?
- Vocês ouvem músicas juntos?
- Você anda de mãos dadas com seus filhos? E com sua esposa?

Como está sua convivência familiar? Seja intencional e valorize o que mais tem valor, sua família.

Permaneçam em mim, e eu permanecerei em vocês. Como o ramo não pode produzir fruto de si mesmo se não permanecer na videira, assim vocês não podem dar fruto se não permanecerem em mim.
João 15:4

XII. Ser superpai

Todos queremos e gostamos de ver filmes de superação. O que Deus quer de nós é que sejamos reflexos dele em nossa vida.

Em Deus, encontramos uma vida inabalável. Com Jesus, você pode ir além e, para isso, você deve:

1. Edificar-se no fundamento de uma vida inabalável. Construa sua casa sobre a rocha!
2. Edificar-se na fé (como Davi contra Golias).
3. Confiar no Senhor.

4. Depositar sua vida em Jesus. Você é morada do Espírito Santo de Deus.
5. Deixar Deus operar em você. Viva a nova vida em Cristo.

Você pode ir além. Você poderá suportar a pressão, o estresse e as angústias deste mundo. Jesus nos dá resistência contra as forças malignas. Deposite sua confiança e sua fé nele. Para isso, ouça a Palavra de Deus, estude-a, medite nela e pratique-a.

As verdades e valores que Jesus nos ensinou devem ser praticados para que Seu nome seja glorificado. Não desafie a Palavra de Deus. Isso somente o afundará. Para ter uma vida inabalável, coloque em prática o que Jesus mandou fazer e as dicas deste capítulo. A vida com Jesus deve ser inegociável, assim como a de sua família! Seja o superpai que seus filhos merecem!

E vocês também testemunharão, pois estão comigo desde o princípio.
João 15:27

ANOTAÇÕES

ANOTAÇÕES

5

Trabalho e vida profissional

FERNANDO DALLA PALMA

I. A bênção do trabalho

O trabalho tem um papel importantíssimo no universo masculino, e isso é facilmente aferido. Quer ver? Faça o seguinte experimento: identifique cinco homens adultos próximos de você e que já tenham constituído família, e peça para eles listarem três preocupações. Certamente o trabalho estará entre elas.

Essa preocupação pode ser materializada na impossibilidade da manutenção do sustento da família, em poder honrar seus compromissos financeiros como um financiamento imobiliário, de veículo, o pagamento da escola ou faculdade dos filhos, tratamentos médicos ou até mesmo a impossibilidade de prestar ajuda financeira para algum parente.

Mas ao ler o título dessa seção, você deve estar se perguntando como uma preocupação pode se tornar uma bênção. Isso realmente é possível? A resposta é sim, e ela tem a ver com a dependência e obediência ao Senhor.

Tudo o que fizerem, façam de todo o coração, como para o Senhor e não para as pessoas. Colossenses 3:23

Nessa passagem do apóstolo Paulo, compreendemos que o trabalho não é nosso, mas sim um meio e uma ferramenta de honrar a Deus. Essa é uma importante compreensão, fundamental até, pois além de o abençoar, livra-o de uma maldição.

Entregue as suas obras ao Senhor, e o que você tem planejado se realizará. Provérbios 16:3

Justamente aqui encontram-se a obediência e a dependência. Ao acordar todas as manhãs, entenda que você não vai sair da sua casa até seu trabalho para servir ao seu chefe ou à empresa para qual trabalha, mas sim para prestar culto ao Senhor. Isso mesmo. O seu trabalho deve ser ofertado em sacrifício ao Deus Altíssimo, pois dele e para Ele são todas as coisas. Percebeu que seu trabalho é instrumento de honra a Deus e de testemunho da Sua justiça na sua vida? Quando se é um profissional dedicado, interessado, responsável, respeitoso, que tem zelo e cuidado com suas ferramentas de trabalho, isso demonstra que, além de ter qualidades que todo empregador procura em um colaborador, você é um testemunho vivo da obediência a Deus.

Sua vida, seu dinheiro e seu trabalho não são seus. Eles apenas estão com você. Como um bom e dedicado mordomo, sua função é cuidar desse tesouro da melhor forma possível. Desde o início dos tempos, Deus determinou o trabalho. Você se lembra da ordem dada a Adão em Gênesis 2:15? Então, entenda que seu trabalho possui duas colunas mestras: a primeira está na afirmação de que o trabalho diligente, honesto e dedicado é uma forma de obediência a Deus. Partindo desse princípio, ele se torna concomitantemente um testemunho vivo da presença de Deus em sua vida.

Todo trabalho realizado com essa premissa é recompensado pela graça de Deus. Mas cuidado! Isso não é uma troca. Isso é uma ordenança, e ela vem acompanhada da responsabilidade de se ter um empregador que é o verdadeiro dono de tudo, Aquele que domina sobre os Céus e a Terra.

Vá ter com a formiga, ó preguiçoso! Observe os caminhos dela e seja sábio. Não tendo ela chefe, nem oficial, nem comandante, no verão prepara a sua comida, no tempo da colheita ajunta o seu mantimento. Ó preguiçoso, até quando vai ficar deitado? Quando se levantará do seu sono? Um pouco de sono, um breve cochilo, braços cruzados para descansar, e a sua pobreza virá como um ladrão, a miséria atacará como um homem armado. Provérbios 6:6-11

A prosperidade só vem se acompanhada pela determinação e pelo esforço em querer entregar para Deus o melhor trabalho possível, honrando assim sua vida, sua saúde, suas aptidões e inteligência e, principalmente, dando o testemunho vivo da presença dele em sua vida. Neste momento, você deve estar se perguntando: mas como ponho isso em prática na minha vida? Como posso fazer isso funcionar? Como isso pode ser presente na minha vida? Sendo bem direto, podemos refletir juntos sobre alguns pontos:

a. Estou sendo o melhor profissional que posso ser?
b. Minha esposa e meus filhos têm orgulho do que faço e de como faço? Deus aprova meu trabalho?
c. Meu trabalho é digno e honesto? O Senhor é honrado no que faço?
d. Meu trabalho é digno de confiança? As pessoas teriam coragem de entregar seu dinheiro no que faço? Será que eu teria coragem de contratar um profissional como eu?

Se alguma ou a grande maioria das suas respostas foi não, você precisa pedir a misericórdia de Deus imediatamente e se cercar de bons exemplos e de bons companheiros de caminhada.

a. Ande com pessoas íntegras, de princípios, e que prezem pela excelência e capricho em tudo que fazem. Absorva delas todo esse tesouro.
b. Seja ensinável. Estude, aperfeiçoe-se e tenha um plano. Nos dias de hoje, existem inúmeros cursos gratuitos on-line que entregam uma diversidade de conteúdos.
c. Seja curioso e interessado. Interesse sempre foi um diferencial.
d. Sempre tenha um plano e uma meta a ser atingida. Determinação atrai as pessoas.
e. Ouça críticas construtivas e orientações. Pode ser duro no início, mas vai encurtar uma longa parte da caminhada.
f. Pratique a humildade. Lembre-se de que Jesus, o Rei dos reis, foi servo e lavou os pés de Seus discípulos.
g. O mais importante: peça ajuda.

Deus quer que sua vida seja planejada:

Pois qual de vocês, pretendendo construir uma torre, não se assenta primeiro para calcular a despesa e verificar se tem os meios para a concluir? Para não acontecer que, tendo lançado os alicerces e não podendo terminar a construção, todos os que a virem zombem dele, dizendo: "Este homem começou a construir e não pôde acabar".

Lucas 14:28-30

Veja o que as Escrituras dizem sobre a influência das boas companhias na vida do justo:

Quem anda com os sábios será sábio, mas o companheiro dos tolos acabará mal. Provérbios 13:20

Não se enganem: "As más companhias corrompem os bons costumes. 1 Coríntios 15:33

Bem-aventurado é aquele que não anda no conselho dos ímpios, não se detém no caminho dos pecadores, nem se assenta na roda dos escarnecedores. Salmo 1:1

O ferro se afia com ferro, e uma pessoa, pela presença do seu próximo. Provérbios 27:17

Todas as suas respostas estão na Bíblia. Seja curioso. Procure-as e as obedeça. Depois colha seus frutos.

II. A maldição do trabalho

Acabamos de ver acima, a bênção do trabalho na vida do homem. Mas ele pode ser uma maldição? Infelizmente, sim.

Nos dias de hoje, vivemos uma cultura de escravidão do desempenho. Vivemos a sociedade do cansaço. Cobranças por um desempenho excessivo podem trazer para sua vida prejuízos à sua saúde mental e espiritual. Quando uma meta financeira, uma promoção ou a busca de reconhecimento público passam a ser o norte da sua vida, você está simplesmente jogando a presença de Deus na lata do lixo, ou seja, o senhor das nossas vidas passa a ser o dinheiro e a vaidade.

Perceba como a cultura do "ir além", se mal utilizada, rouba-nos sorrateiramente a intimidade com Deus, transferindo para nosso coração padrões de hierarquia que diminuem a presença de Deus e a nossa dependência dele. Não confunda isso com ser preguiçoso, negligente e desinteressado com seu ofício. O trabalho é uma bênção do Senhor, mas ele deve ser um meio para a honra de Deus, e não um fim em si mesmo.

O que quero dizer é que o trabalho deve ser uma ferramenta de adoração e culto ao Senhor, e não o que determina o sentido da sua vida. Essa vaidade pode ser apresentada na sua pior versão pelo trabalho excessivo: a idolatria!

Muitas pessoas ofertam em seus corações morada para a ganância e a idolatria da vaidade, subjugando a Deus, sua esposa e filhos, deixando-os em um segundo ou terceiro plano de relevância. Infelizmente, as únicas pessoas que vão se lembrar do esforço desumano em trabalhar visando sempre conseguir mais riqueza e reconhecimento serão sua esposa e seus filhos.

Se você troca quem mais o ama por dinheiro e vaidade de reconhecimento, se infelizmente essa for a verdade da sua vida, tenho muita dor em lhe dizer que você não passa de um grande miserável, talvez o mais fracassado de todos eles. Você utiliza o trabalho para aconchegar esses usurpadores da vontade de Deus.

Sua ganância o tornou escravo do desejo por mais riquezas e posses. Essa busca sempre estará acima dos princípios éticos e das ordenanças espirituais contidas na Bíblia Sagrada. A ganância mina e rouba a alma do homem, destrói sua intimidade com o Senhor e o afasta das bênçãos divinas.

Porque o amor ao dinheiro é a raiz de todos os males; e alguns, nessa cobiça, se desviaram da fé e atormentaram a si mesmos com muitas dores. 1 Timóteo 6:10

Então lhes recomendou: Tenham cuidado e não se deixem dominar por qualquer tipo de avareza, porque a vida de uma pessoa não consiste na abundância dos bens que ela tem. Lucas 12:15

O ganancioso corre atrás das riquezas, mas não sabe que a pobreza há de vir sobre ele. Provérbios 28:22

Fiquem sabendo disto: nenhuma pessoa imoral, impura ou avarenta — porque a avareza é idolatria — tem herança no Reino de Cristo e de Deus. Efésios 5:5

"A pessoa mais pobre que eu conheci na minha vida só tinha dinheiro", disse Carlos Drummond de Andrade. Pode parecer engraçado, mas, infelizmente, essa situação é muito triste.

Já a vaidade, definitivamente, é o pecado que o diabo mais gosta. Não esqueça que por vaidade o anjo mais belo e perfeito caiu e foi afastado da glória de Deus.

Veja como você caiu do céu, ó estrela da manhã, filho da alva! Veja como você foi lançado por terra, você que debilitava as nações! Você pensava assim: "Subirei ao céu, exaltarei o meu trono acima das estrelas e me assentarei no monte da congregação, nas extremidades do Norte. Subirei acima das mais altas nuvens e serei semelhante ao Altíssimo". Mas você descerá ao mundo dos mortos, no mais profundo do abismo. Isaías 14:12-15

A vaidade levou um rei a se portar como um animal sem qualquer dignidade até que o poder divino do Altíssimo tivesse seu lugar reconhecido.

O rei disse: Não é esta a grande Babilônia que eu construí para a casa real, com o meu grandioso poder e para glória da minha majestade? Enquanto o rei ainda falava, veio uma voz do céu, que disse: A você, rei Nabucodonosor, se anuncia o seguinte: Este reino lhe foi tirado. Você será expulso do meio das pessoas, e a sua morada será com os animais selvagens; você comerá capim como os bois, e passarão sete tempos, até que você reconheça que o Altíssimo tem domínio sobre os reinos do mundo e os dá a quem ele quer. Daniel 4:30-32

Vivemos em uma sociedade doente, na qual o ter é mais importante que o ser. E perceba que foi justamente essa cultura de aprisionamento ao material que levou uma geração inteira aos consultórios médicos e psiquiátricos. Uma cobrança excessiva e uma busca sem sentido por riqueza deixou doente toda esta geração. Quem, pela graça de Deus, tem consciência do lugar do trabalho na sua vida, respeitando as ordenanças divinas, está vacinado contra essa epidemia. Mas, quem não tem esse alicerce baseado na Palavra de Deus, certamente está muito doente.

O processo deveria ser o seguinte: "Reconheço a importância do trabalho e sei seu exato lugar na minha vida. Reconheço minha dependência do Senhor, minhas vulnerabilidades, minhas fraquezas e busco melhorar. Com esse entendimento aliado ao meu esforço e comprometimento, sou abençoado". Essa deveria ser a relação saudável do trabalho na vida do homem.

Toda vez que o trabalho o afasta de uma vida de intimidade com o Senhor, ele será um canal poderoso de angústia e tristeza na sua vida. Você até poderá ter sucesso profissional e financeiro, mas sua alma estará doente e triste. Dinheiro não cura tristeza. O amor de Deus, sim!

Meu irmão, entenda que:

1. Você não é perfeito;
2. Você pode, sim, reconhecer suas vulnerabilidades;
3. Deus, sua esposa e seus filhos devem sempre estar à frente de seu trabalho;
4. O trabalho é elemento de adoração a Deus;
5. O trabalho dever ser ferramenta para espalhar a benção divina.
6. Esforce-se e entregue sempre o seu melhor;
7. Lembre-se de que o trabalho é uma bênção, mas não deve ser o foco principal de nossa vida.

ANOTAÇÕES

ANOTAÇÕES

ANOTAÇÕES

6

Finanças e prosperidade

TATO MORAES

Portanto, se vocês não forem fiéis na aplicação da riqueza injusta, quem lhes confiará a verdadeira riqueza? Lucas 16:11

Sabemos que grande parte da vida gira em torno do dinheiro, pois passamos muitas horas de nosso dia ganhando dinheiro com o nosso trabalho. Sendo assim, cabe a pergunta: você tem tomado decisões boas em como gastá-lo? Tem buscado a Deus para orientá-lo a conhecer formas de economizar, investir ou ofertar? Convido você a fazer um exame de como tem cuidado de suas finanças, pois a maneira como lidamos com o dinheiro afeta nossa comunhão com o Senhor.

A Bíblia nos revela princípios financeiros preciosos, que nos permitem ficar mais próximos de Jesus. Nela também podemos encontrar a verdade sobre o senhorio de Cristo em nossa vida, pois precisamos decidir qual dos dois senhores serviremos, como nos ensinou Jesus: "Ninguém pode servir a dois senhores; porque ou irá odiar um e amar o outro, ou irá se dedicar a um e desprezar o outro. Vocês não podem servir a Deus e às riquezas" (Mateus 6:24).

Jesus não deseja competir com as posses pelo domínio de nossa vida, mas vemos muitos cristãos que ainda não compreenderam que Deus é o único dono de tudo. Se quisermos ser seguidores genuínos de Cristo, devemos submeter o domínio de nossas posses ao Senhor.

Teu, Senhor, é o poder, a grandeza, a honra, a vitória e a majestade, porque teu é tudo o que há nos céus e na terra. Teu, Senhor, é o reino, e tu te exaltaste como chefe sobre todos. Riquezas e glória vêm de ti. Tu dominas sobre tudo, e na tua mão há força e poder. Contigo está o engrandecer e dar força a todos. 1 Crônicas 29:11-12

Deus é o Criador de todas as coisas e jamais transferiu a posse de Sua criação às pessoas. Reconhecer que Deus tem o domínio deve nos fazer aceitar que somos mordomos de tudo que Ele nos concede por Seu amor e Sua graça.

I. Princípio da mordomia

A mordomia está intrinsicamente ligada às finanças, pois envolve o cuidado e a gestão dos recursos financeiros disponíveis para garantir o conforto, a comodidade e a qualidade de vida. Ser um mordomo das próprias finanças significa assumir a responsabilidade de administrar de forma consciente e equilibrada o dinheiro que se tem, tomando decisões inteligentes e planejadas para alcançar os objetivos financeiros estabelecidos.

Um bom mordomo financeiro busca a organização, o controle e a disciplina na gestão do seu dinheiro, priorizando o planejamento financeiro, o controle de gastos, o estabelecimento de metas, a poupança e o investimento. Ele entende a importância de viver dentro de suas possibilidades, evitando dívidas desnecessárias e buscando sempre a sustentabilidade financeira a longo prazo.

Assim como um mordomo atento zela pela manutenção e conservação de um lar, o mordomo das próprias finanças cuida para que seu patrimônio seja preservado e cresça ao longo do tempo, garantindo segurança e tranquilidade para si e sua família. Portanto, a mordomia financeira é essencial para a construção de uma vida financeira saudável e próspera.

O mordomo fiel a Deus é responsável por aquilo que tem, seja muito ou pouco, assim podemos ver na parábola dos talentos: "Pois será como um homem que, ausentando-se do país, chamou os seus servos e lhes confiou os seus bens. A um deu cinco talentos, a outro deu dois e a outro deu um, de acordo com a capacidade de cada um deles; e então partiu" (Mateus 25:14-15). Quando o senhor retornou, pediu que cada servo prestasse contas da fidelidade com que cuidaram de suas posses. Ele premiou o servo fiel que recebera cinco talentos: "Muito bem, servo bom e fiel; você foi fiel no pouco, sobre o muito o colocarei; venha participar da alegria do seu senhor" (v.21). Veja que o servo que recebera dois talentos recebeu um prêmio igual ao do servo que recebera cinco (v.23). Então, somos ordenados a sermos fiéis quando recebemos muito e quando recebemos pouco.

Quando você se perguntar o que faria caso recebesse um milhão de reais, primeiro pense em como está fazendo com dez reais que tem, pois fidelidade nas pequenas coisas é uma grande coisa.

II. Administrando as finanças

Administrar as finanças pessoais é uma habilidade essencial para alcançar estabilidade e segurança financeira. O controle e o planejamento adequados dos gastos são fundamentais para garantir o equilíbrio entre receitas e despesas. É importante criar um orçamento mensal, identificando todas as fontes de renda e categorizando os gastos em despesas fixas (como aluguel, contas de água, luz etc.) e despesas variáveis (como lazer, compras, entre outros).

Além disso, é crucial estabelecer metas financeiras de curto, médio e longo prazo, como a criação de uma reserva de emergência, a quitação de dívidas e a realização de investimentos. Poupar uma parte do salário mensalmente e investir de forma consciente são práticas que podem garantir um futuro financeiramente mais sólido.

O conhecimento sobre educação financeira, a busca por informações sobre investimentos e a busca por maneiras de aumentar a renda também são estratégias importantes para melhorar a saúde financeira pessoal. Com disciplina, organização e foco nos objetivos, é possível conquistar uma vida financeira mais equilibrada e próspera.

E eu recomendo a vocês: usem a riqueza injusta para fazer amigos, para que, quando a riqueza faltar, vocês sejam recebidos nos tabernáculos eternos. Quem é fiel no pouco também é fiel no muito; e quem é injusto no pouco também é injusto no muito. Portanto, se vocês não forem fiéis na aplicação da riqueza injusta, quem lhes confiará a verdadeira riqueza? Se vocês não são fiéis na aplicação do que é dos outros, quem lhes dará o que é de vocês? Nenhum servo pode servir a dois senhores; porque irá odiar um e amar o outro ou irá se dedicar a um e desprezar o outro. Vocês não podem servir a Deus e à riqueza. Lucas 16:9-13

Em todo trabalho há proveito; meras palavras, porém, levam à pobreza. Provérbios 14:23

III. Investimentos

Investir é uma prática financeira que envolve a alocação de recursos em diferentes ativos com o objetivo de obter retorno no futuro. Existem diversas formas de investir: ações, títulos de renda fixa, fundos de investimento, imóveis e até mesmo criptomoedas.

É importante lembrar que investir envolve riscos e é fundamental entender seu perfil de investidor, seus objetivos financeiros e a tolerância ao risco. Diversificar a carteira de investimentos, fazendo aplicações em diferentes tipos de ativos, é uma estratégia recomendada para reduzir os riscos e aumentar as chances de obter retornos satisfatórios a longo prazo.

Busque sempre se informar e estudar sobre o mercado financeiro, procurar orientação de profissionais especializados e estar atento às tendências e notícias que possam impactar seus investimentos. Lembre-se, investir de forma consciente e planejada pode ser uma excelente maneira de fazer seu dinheiro trabalhar a seu favor e alcançar seus objetivos financeiros.

Procure conhecer o estado das suas ovelhas e cuide dos seus rebanhos, porque as riquezas não duram para sempre, nem a coroa, de geração em geração. Provérbios 27:23-24

IV. Dízimos e ofertas

O dízimo e a oferta são práticas comuns em muitas religiões, especialmente no cristianismo. O dízimo refere-se a entregar 10% da renda ou dos ganhos para a igreja como uma forma de sustentar o trabalho da comunidade e ajudar aqueles que necessitam. Essa prática tem suas raízes no Antigo Testamento, quando os fiéis eram encorajados a contribuir com uma décima parte de sua produção para apoiar o templo e os sacerdotes.

Por outro lado, as ofertas são contribuições voluntárias que vão além do dízimo. Elas representam uma doação adicional, muitas vezes feita com um coração generoso e em resposta a uma necessidade específica da igreja, da comunidade ou de alguma causa social. As ofertas podem ser destinadas a projetos missionários, obras de caridade, manutenção da igreja, entre outros propósitos.

Tanto o dízimo quanto as ofertas são considerados atos de fé e generosidade, e são vistos como uma forma de demonstrar reconhecimento a Deus por todas as bênçãos recebidas. Além disso, essas práticas também ajudam a manter as atividades da igreja, a sustentar projetos sociais e a promover o bem-estar da comunidade. Em resumo, o dízimo e a oferta são expressões tangíveis da fé e do compromisso dos fiéis com Deus e com o próximo.

A prática do dízimo e das ofertas além de ser um ato de amor para com Deus, também traz o significado de que o Senhor instituiu a mesma para que não nos apegássemos ao dinheiro e a bens materiais, uma vez que a oferta é voluntária e envolve liberalidade do nosso coração.

E isto afirmo: aquele que semeia pouco também colherá pouco; e o que semeia com fartura também colherá com fartura. Cada um contribua segundo tiver proposto no coração, não com tristeza ou por necessidade, porque Deus ama quem dá com alegria.
2 Coríntios 9:6-7

Aqui segue o convite para que você experimente da fidelidade de Deus decidindo ser fiel na entrega dos seus dízimos e ofertas assim como participar da grande obra do reino, investindo em algo que durará para sempre. Fique com a certeza que será muito abençoado.

Exorte os ricos deste mundo a que não sejam orgulhosos, nem depositem a sua esperança na instabilidade da riqueza, mas em Deus, que tudo nos proporciona ricamente para o nosso prazer. Que eles façam o bem, sejam ricos em boas obras, generosos em dar e prontos a repartir; ajuntando para si mesmos um tesouro que é sólido fundamento para o futuro, a fim de tomarem posse da verdadeira vida. 1 Timóteo 6:17-19

V. Dívidas

O rico domina sobre o pobre, e o que pede emprestado é servo de quem empresta. Provérbios 22:7

Sair das dívidas pode ser um desafio, mas é possível com planejamento e disciplina. Comece listando todas as suas dívidas, incluindo valores, taxas de juros e prazos de pagamento. Em seguida, crie um orçamento realista, priorizando o pagamento das dívidas com juros mais altos primeiro. Considere negociar com os credores por taxas de juros mais baixas ou um plano de pagamento mais acessível.

Além disso, busque formas de aumentar sua renda, como procurar um emprego extra temporário ou vender itens que você não usa mais. Reduza despesas desnecessárias e concentre-se em viver de acordo com seu novo orçamento. Considere também consultar um consultor financeiro para obter orientação personalizada.

Lembre-se de que sair das dívidas exige tempo e esforço, mas com disciplina e foco é possível conquistar sua liberdade financeira. Não desanime e mantenha-se firme em seu objetivo de se livrar das dívidas.

Para finalizar este capítulo, sugiro que gaste tempo também em oração pedindo sempre a orientação do Senhor em cada passo a ser dado e em cada estratégia que adotará para sair do endividamento.

Vocês cobiçam e nada têm; matam e sentem inveja, mas nada podem obter; vivem a lutar e a fazer guerras. Nada têm, porque não pedem. Tiago 4:2

Aqui estão algumas dicas para gerenciar, economizar e tomar boas decisões com o dinheiro:

1. *Elabore um orçamento.* Use uma planilha ou mesmo um caderno. Anote todas as suas receitas e despesas mensais. Isso o ajudará a entender para onde seu dinheiro está indo, e identificar onde você pode cortar gastos.
2. *Procure evitar as compras impulsivas.* Sempre que pensar em comprar algo, dê a si mesmo um tempo para considerar se realmente precisa desse item. Uma boa prática é esperar 24 horas antes de fazer uma compra. Faça sempre as seguintes perguntas: *Posso comprar isso? É necessário? Dá para esperar?*
3. *Elimine os gastos desnecessários.* Revise suas assinaturas e serviços que você não utiliza com frequência, como academias, aplicativos de *streaming* ou canais de TV a cabo.
4. *Faça um bom planejamento de suas refeições.* Fazer uma lista de compras e planejar as refeições da semana pode evitar gastos extras comendo fora ou comprando itens que você não precisa.
5. *Pague suas dívidas.* Procure priorizar o pagamento das dívidas de juros altos primeiro.

6. *Faça uso de cupons e aproveite descontos.* Sempre procure cupons e ofertas antes de fazer uma compra. Sites e aplicativos de cupons podem oferecer boas economias.
7. *Faça economia de energia elétrica.* Desligue luzes e aparelhos que não estão em uso, use lâmpadas de baixo consumo e considere investir em eletrodomésticos mais eficientes.
8. *Faça uma nova avaliação dos seus serviços de telefonia e internet.* Verifique se você está pagando pelo plano ideal de telefonia e internet. Muitas vezes, mudar de plano ou negociar com seu provedor pode reduzir custos.
9. *Procure evitar dívida no cartão de crédito.* Tente pagar o saldo total do cartão de crédito todos os meses para evitar juros altos.
10. *Estabeleça planos de investimentos e metas de poupança.* Defina objetivos claros para o dinheiro que está poupando, como uma viagem, aposentadoria ou um fundo de emergência. Isso pode ajudar a motivar a economizar mais. Procure bons conselheiros e mentores financeiros que possam auxiliá-lo quanto às várias modalidades de investimento, pois assim você irá gerar recursos extras que o ajudarão a aumentar seu patrimônio e lhe trazer segurança financeira.

Siga firme nos seus propósitos e que Deus o abençoe. Se quiser crescer ainda mais nessa área, sugerimos o Curso Crown, da Universidade da Família (disponível em: udf.org.br/crown/).

ANOTAÇÕES

ANOTAÇÕES

ANOTAÇÕES

7

Vencendo a ansiedade e o estresse

FERNANDO DALLA PALMA

Amigo leitor, antes de começar a conversar sobre ansiedade, gostaria de dividir o assunto em três partes. A primeira delas, talvez a menos importante, é a definição médica sobre o tema deste capítulo. A segunda parte será destinada a observar como a Bíblia aborda este tema, provando que a ansiedade sempre existiu. Por fim, na última parte, procurarei, de uma forma bem simples e direta, deixar ferramentas práticas e aplicáveis que certamente o auxiliarão a vencer esse terrível inimigo da nossa tranquilidade e da nossa fé.

I. A descoberta da ansiedade

Se você fizer uma rápida pesquisa na internet, observará que o termo "ansiedade" ganhou importância no meio médico a partir de 1980, quando foi catalogado no *Manual diagnóstico e estatístico de transtornos mentais* (DSM-II-I) como um transtorno mental passível de tratamento psiquiátrico. Estima-se que mais de 300 milhões de seres humanos apresentam ansiedade clínica, sendo o Brasil o país mais ansioso do mundo, com quase 10% da população sofrendo desse mal.

A ansiedade pode ter várias origens como a biológica pela via hormonal, a genética, a psicológica e social, motivada por uma busca irracional por um estilo de vida destrutivo. Pode até, acredite, ter causa religiosa, exigindo padrões morais e de culpa inatingíveis, aclarando as imperfeições e ocultando a piedade divina. A isso chamamos de "violência espiritual".

De forma bem simplificada, os sintomas da ansiedade podem ser físicos, desencadeando taquicardia, sudorese, tremores, tensão muscular; podem ser emocionais, refletidos em uma preocupação excessiva, medo, irritabilidade; ou comportamentais, quando alguém passa a evitar qualquer situação que possa causar uma crise de ansiedade, ou seja, é uma verdadeira fuga de si mesmo.

Os tipos mais comuns de ansiedade são: Transtorno de Ansiedade Generalizada (TAG), que pode ser descrito como uma preocupação constante e excessiva; Transtorno do Pânico, muito comum nos dias de hoje; várias fobias, ou seja, medo irracional de objetos ou situações específicas; Transtorno Obsessivo-Compulsivo (TOC), como pensamentos obsessivos e comportamentos compulsivos, e Transtorno de Estresse Pós-Traumático (TEPT), que aflora após experiências de profundo peso e impacto emocional.

Descobrir a origem da ansiedade muitas vezes leva tempo e invariavelmente necessita da ajuda de um profissional, seja ele médico ou terapeuta. Entretanto, as consequências da ansiedade são visíveis e de rápida observação. A dor, a tristeza, o sofrimento, a angústia sufocante, a perturbação da realidade e a falta de esperança estão sempre sentadas ao lado de uma pessoa ansiosa, apresentam-se na vida das pessoas como um fiel escudeiro (neste caso, um escudeiro que não quer proteger seu cavaleiro, mas sim matá-lo).

É evidente que o assunto demandaria uma discussão muito mais profunda, mas este não é o intuito deste livro, que tem a legítima intenção de ser um pequeno manual de bolso para o homem dos dias de hoje, tratando seus principais problemas de uma forma bem simples e direta, sem rodeios. Assim, não vou me alongar em definições técnicas ou descrições médicas a respeito dos tipos de ansiedade, mas seguramente posso afirmar que o homem tem medo da morte, da sua insignificância e da sua não correspondência aos padrões morais e sociais estabelecidos pela sociedade. O mundo cobra por aquilo que ele produz de ruim, e não o contrário. Lembre-se disso!

II. A ansiedade à luz da Bíblia

Parece ser meio incongruente observarmos que o Brasil, sendo um dos países com mais cristãos no mundo, também é o mais ansioso. Mas como a ansiedade se relaciona com a vida cristã? Afinal, elas têm relação? A resposta é uma só, SIM! A ansiedade é a inimiga mortal da fé cristã, ou seja, ambas estão em constante batalha, impulsionando-nos em direções opostas.

Nenhum outro texto bíblico resumiu tão bem a condição humana ao tratar da ansiedade como a seguinte fala de Cristo:

Por isso, digo a vocês: não se preocupem com a sua vida, quanto ao que irão comer ou beber; nem com o corpo, quanto ao que irão vestir. Não é a vida mais do que o alimento, e não é o corpo mais do que as roupas? Observem as aves do céu, que não semeiam, não colhem, nem ajuntam em celeiros. No entanto, o Pai de vocês, que está no céu, as sustenta. Será que vocês não valem muito mais do que as aves? Quem de vocês, por mais que se preocupe, pode acrescentar um côvado ao curso da sua vida? E por que se preocupam com o que vão vestir? Observem como crescem os lírios do campo: eles não trabalham, nem fiam. Eu, porém, afirmo a vocês que nem Salomão, em toda a sua glória, se vestiu como qualquer deles. Ora, se Deus veste assim a erva do campo, que hoje existe e amanhã é lançada no forno, não fará muito mais por vocês, homens de pequena fé? Portanto, não se preocupem, dizendo: "Que comeremos?", "Que beberemos?" ou "Com que nos vestiremos?" Porque os gentios é que procuram todas estas coisas. O Pai de vocês, que está no céu, sabe que vocês precisam de todas elas. Mas busquem em primeiro lugar o Reino de Deus e a sua justiça, e todas estas coisas lhes serão acrescentadas. Portanto, não se preocupem com o dia de amanhã, pois o amanhã trará os seus cuidados; basta ao dia o seu próprio mal. Mateus 6:25-34

Nesta passagem, Jesus descreveu há dois mil anos exatamente o que vivemos nos dias de hoje. Mas, além de descrever nossas principais angústias no mundo moderno, Ele também nos entrega a cura para todas elas. Ele instrui: "não se preocupem".

Neste momento, você deve estar se questionando: "Como posso não me preocupar, se o mundo à minha volta está ruindo e tudo me direciona para um círculo vicioso de ansiedade e decepção? Como devo fazer? Como sair dessa situação? Onde está a resposta?". A Bíblia pode ajudá-lo:

Porque, onde estiver o seu tesouro, aí estará também o seu coração. Mateus 6:21

Onde está o seu coração? Ele está alicerçado na Palavra de Deus e em Sua promessa? Ou está preso às correntes da ganância e da falta de confiança nos propósitos de Deus? Sempre digo que o mais difícil não é servir ao Senhor; o mais difícil é aceitar ser usado pelo Senhor. Quem, acima de qualquer outra coisa, busca a Deus ganha o que não pede e multiplica em muito o que não tem. Essa é a promessa.

De certa forma, todas as pessoas que sofrem com a ansiedade são também um pouco egoístas, lembrando que o egoísmo não é necessariamente apenas sobre questões materiais. Quem não entrega ao Senhor a sua vida por completo é um egoísta, pois quer retê-la para si mesmo.

A Palavra de Deus nos entrega um verdadeiro arsenal para lidarmos com a ansiedade e encontrarmos conforto para esse momento tão difícil de nossa vida.

Vamos a elas:

Lancem sobre ele todas as suas ansiedades, porque ele cuida de vocês. 1 Pedro 5:7

Aqui o apóstolo Pedro nos ordena a deixar aos pés da cruz toda a nossa ansiedade, porque Deus, o Pai, cuida de nós. Sei que isso é muito mais fácil de dizer ou escrever do que praticar. Mas, lembre-se que a prática da fé é como exercitar um grupo muscular ou como a prática de uma arte marcial, que demanda inúmeras repetições para que seja alcançada a perfeita execução da técnica.

Quem não pratica a sua fé não alcança sua perfeição, e a prática deve sempre estar alinhada à entrega e ao reconhecimento corajoso da sua completa vulnerabilidade. Quem é vulnerável e obediente aos propósitos de Deus é mais forte que o mais forjado dos aços.

O cuidado do Senhor com a nossa vida é preciso, atencioso e carregado precisamente com o que necessitamos, nunca nos faltando nada. “Mas se o medo me abater?” Caro irmão, isso é natural e, em certa medida, até esperado. O salmista assim nos orienta: “Quando eu ficar com medo, hei de confiar em ti” (Salmo 56:3).

Confiar é verbo; verbo é ação; ação é prática. O segredo é a oração!

Na oração, há entrega, conexão, intimidade e acesso direto ao mundo espiritual. Esse elo é o que pode auxiliá-lo nas crises de ansiedade, pois o Criador de todas as coisas, certamente me socorrerá.

Elevo os meus olhos para os montes: de onde me virá o socorro? O meu socorro vem do Senhor, que fez o céu e a terra. Salmo 121:1-2

Lembre-se que a prática leva à perfeição, inclusive no mundo espiritual? Com o passar do tempo, essa prática de oração nos eleva a uma condição de filtrar o que não nos traz nada de bom. A malha desse filtro espiritual se torna cada vez mais apertada e resistente, retendo toda a insegurança, a desconfiança, o medo, a angústia e a ansiedade. E como saber se estamos no caminho correto? A paz no seu coração será seu termômetro. Essa paz é a mesma descrita em Filipenses 4:6-8, a qual excede todo o entendimento: "Não fiquem preocupados com coisa alguma, mas, em tudo, sejam conhecidos diante de Deus os pedidos de vocês, pela oração e pela súplica, com ações de graças. E a paz de Deus, que excede todo entendimento, guardará o coração e a mente de vocês em Cristo Jesus. Finalmente, irmãos, tudo o que é verdadeiro, tudo o que é respeitável, tudo o que é justo, tudo o que é puro, tudo o que é amável, tudo o que é de boa fama, se alguma virtude há e se algum louvor existe, seja isso o que ocupe o pensamento de vocês".

Aqui, a Palavra de Deus nos ordena a não andarmos ansiosos por coisa alguma, mas de modo corajoso apresentarmos e deixarmos no altar sagrado todos os nossos pedidos, súplicas e preocupações. Esse é o lugar onde o filho clama a proteção ao Pai. Aqui acontece o afago paterno celestial, e o poder de Deus guardará o nosso coração e nossos pensamentos.

O justo dorme em paz! O justo confia no seu Pai! O justo sabe que a cada dia que a prática da sua fé é exercida, a sua proteção celestial é aumentada!

Mateus sabiamente nos direciona para uma verdade absoluta: a preocupação não nos acrescenta absolutamente nada de bom, ao contrário, ela nos tira o discernimento de perceber que a ansiedade é, no fundo, a dúvida se Deus está no controle de todas as coisas e que a Sua vontade é boa, perfeita e agradável, sempre nos levando para o bem.

Quem de vocês, por mais que se preocupe, pode acrescentar um côvado ao curso da sua vida? Mateus 6:27

Quando nos preocupamos sobremaneira e nos entregamos à ansiedade, estamos duvidando da certeza da esperança em Deus. Isso só traz dor e martírio para a nossa alma.

Multiplicando-se em mim as inquietações, as tuas consolações me alegram a alma. Salmo 94:19

Mas como efetivamente devo iniciar esse treinamento de fé? Esse princípio de ouro é de uma simplicidade desconcertante: ore todos os dias apenas pelo mal do próprio dia. Não há como combater o inimigo que está longe no campo de batalha. Não negligencie o inimigo que está ao seu derredor, pois por mais insignificante que ele possa parecer, a soma de todas essas raposinhas é o que destrói o vinhedo (veja Cântico dos Cânticos 2:15).

Portanto, não se preocupem com o dia de amanhã,
pois o amanhã trará os seus cuidados; basta ao dia o seu próprio mal. Mateus 6:34

Cada dia uma batalha, cada dia uma entrega, cada dia uma vitória. Creia nisso! A guerra é vencida pela constância.

III. Ações práticas para vencer a ansiedade

Como vimos acima, toda ansiedade deriva do egoísmo humano, pois tomamos e materializamos para nós preocupações desnecessárias e fora do tempo correto, e isso tem uma causa central escondida. A ansiedade aparece quando negamos a entrega das nossas vidas, dos nossos planos familiares, dos nossos sonhos e projetos financeiros ao Senhor. Simples assim. A ansiedade gerada pelo egoísmo humano carnal é inimiga mortal da fé e da dependência de Deus.

Depois de tudo o que juntos aprendemos, entramos no final deste capítulo tentando responder a grande pergunta: "Como posso resolver esse problema?".

Terapia e ajuda médica são dois elementos essenciais de ajuda. Não seja negligente com seu corpo e mente. Lembre-se de que ele é o templo do Espírito Santo e um presente de Deus.

Melhores seus hábitos de alimentação e sono. Filtre e avalie suas amizades. Tenha cuidado com a dependência maléfica das redes sociais. Agora, juntamente com a ajuda médica, podemos exercer um tesouro deixado por Deus e que está no seu DNA de criatura feita à imagem e semelhança de Deus. Ele nos fez para servir sem recompensas!

Forte isso, não é? Veja, meu irmão. Quem serve abandona o egoísmo. Quem serve, sem esperar nada em troca, obedece aos dois principais mandamentos divinos: amar a Deus sobre todas as coisas e ao próximo como a si mesmo. Preste atenção: você foi criado para servir, jamais se esqueça ou se afaste dessa ordenança!

Vou tentar representar essa afirmação com uma seguinte imagem. Imagine-se entrando em uma sala. Após a sua entrada, essa sala contém 100 pessoas. Sabe quantos rostos você vê? Você vê 99. E sabe qual o único rosto que você não verá? O seu! Isso diz muita coisa, não é? Você é o único a não se enxergar. Seu olhar deve ser orientado para os outros.

Seu DNA é de servo? Isso vai além da sua condição espiritual. Ela é também biológica. O ato de servir sem esperar recompensa por isso gera em você um banho de ocitocina, o mesmo hormônio que uma mãe sente quando dá à luz. Deus está lhe dizendo através das Escrituras e dos exemplos deixados por Jesus Cristo, e também pela sua constituição biológica, que o seu propósito nessa Terra é servir. Isso vai mortalmente contra o egoísmo humano carnal, esse mesmo egoísmo que o afasta da fé e que gera a angústia.

Quem serve com propósito deixa seus problemas para o segundo plano. Você se recorda da lei da impenetrabilidade da matéria? Seus problemas, suas preocupações exageradas e a angústia gerada por eles não podem ocupar o mesmo lugar da sua preocupação em ajudar ao próximo. Essa verdade o liberta do cativeiro da preocupação criada pela falta de entrega de seus problemas a Deus.

Vou insistir novamente, fazendo a você uma pergunta bem direta: se você estiver ocupado em carne e espírito cumprindo a ordenança de amor sem recompensa, servindo seu irmão, você acha que terá tempo para se preocupar com algo que muitas vezes sequer é concreto? Há um antigo ditado que diz "mente vazia, oficina do diabo". Se a sua mente estiver cheia de amor e atos de serviço ao seu próximo, quem morará nela? O inimigo das nossas almas ou o Espírito Santo de Deus? Percebe como tudo se liga e se complementa?

Você recebeu o mandamento de servir ao próximo, assim como Jesus serviu a humanidade a ponto de entregar a Sua vida por nós. Essa é a maior verdade contida no propósito de Deus para a humanidade; faz parte do DNA divino. Quem entende o que é amar a Deus sobre todas as coisas, entende que essa adoração pode ser fisicamente externada amando ao próximo como a si mesmo.

Por fim, quem ama serve. Quem serve exerce sua fé. Quem exerce sua fé ora mais. Quem ora mais afasta seu espírito e sua vida do egoísmo humano carnal e, por conseguinte, afasta-se por completo das vãs preocupações causadas pela angústia. Esse é o segredo! Que Deus o abençoe.

ANOTAÇÕES

ANOTAÇÕES

8

Resiliência

TATO MORAES
JULIANO PALMIRO
FERNANDO DALLA PALMA

Falei essas coisas para que em mim vocês tenham paz. No mundo, vocês passam por aflições; mas tenham coragem: eu venci o mundo. João 16:33

I. Resiliência cristã

A palavra "resiliência" é proveniente do latim *resiliens*, que significa voltar ao estado natural, como uma mola que retorna ao seu estado após ser comprimida. Na Física, o termo indica a propriedade que alguns corpos têm de retornar à forma original após terem sido submetidos a uma deformação. Mas também pode ser aplicada também à volta ao estado natural de um indivíduo. Na Psicologia, resiliência pode ser entendida como a capacidade de uma pessoa resolver problemas sérios, vencer obstáculos pessoais ou sociais, sem esmorecer à pressão, seja qual for a situação.

E no meio cristão? Resiliente é o crente que constrói a sua casa sobre a rocha. Quando o vento passa, ele se dobra, mas depois da tempestade ele está de volta, em pé e glorificando o Senhor. Resiliência cristã é a capacidade de manter-se firme diante das lutas enfrentadas. Mas isso não quer dizer que você não vai se abalar, sofrer. Entretanto, mesmo ferido, você não vai negar ao Senhor e nem desistir.

Não sobreveio a vocês nenhuma tentação que não fosse humana; mas Deus é fiel e não permitirá que vocês sejam tentados além do que podem suportar... 1 Coríntios 10:13

II. Vazio interior

Existe um vazio interior que todo homem tem. O preenchimento deste só ocorre quando temos a presença de Deus em nós.

Filósofos, pensadores e até ateus em seus últimos momentos de vida afirmaram que o ser humano necessita ser completo. Porém, nada neste mundo é capaz de completar tão perfeitamente como Deus o faz. Existe em nós uma necessidade de Deus, e somente Ele preenche nosso vazio.

III. Pai ausente

A figura paterna é sinônimo de aconchego, proteção, amparo, provisão, direcionamento. A ausência desse ente, seja por morte, separação e até mesmo por viver no mesmo lar, mas ser omisso ou emocionalmente distante, causa a necessidade de filhos e esposa resilientes.

A ausência de um pai pode ser sentida como uma lacuna emocional vasta e profunda. Ela pode manifestar-se através de sinais de estresse, ansiedade e uma busca constante por aprovação e amor.

Deus, em cada manhã, levanta-nos para o novo dia, e cabe a nós aceitarmos ser o pai que a nossa família precisa, o funcionário que a empresa espera, o esposo que a esposa merece, o chefe que os funcionários almejam, o cidadão que a sociedade necessita. A resiliência é obra de Deus em nossa vida. Basta olharmos para ela.

Lembre-se de que você tem um Pai que quer ter um relacionamento consigo, que almeja estar sempre ao seu lado. Você nunca esteve e nunca estará sozinho. O Senhor nos diz: "Eis que estou à porta e bato; se alguém ouvir a minha voz e abrir a porta, entrarei em sua casa e cearei com ele, e ele, comigo" (Apocalipse 3:20).

O Senhor é o meu pastor; nada me faltará. Ele me faz repousar em pastos verdejantes. Leva-me para junto das águas de descanso; refrigera-me a alma. Guia-me pelas veredas da justiça por amor do seu nome. Ainda que eu ande pelo vale da sombra da morte, não temerei mal nenhum, porque tu estás comigo; o teu bordão e o teu cajado me consolam. Preparas-me uma mesa na presença dos meus adversários, unges a minha cabeça com óleo; o meu cálice transborda. Bondade e misericórdia certamente me seguirão todos os dias da minha vida; e habitarei na Casa do Senhor para todo o sempre. Salmo 23

O conhecido e clássico Salmo 23, escrito por Davi, inspira-nos a sermos resilientes e a confiarmos no Senhor, tendo a garantia da bondade e fidelidade eternas por parte do Pai. O homem que confia no Senhor sabe que, mesmo na adversidade, estará seguro.

IV. Guarde seu coração

A palavra de Deus nos ensina que, como cristãos, devemos guardar nosso coração.

O homem busca muitas coisas no mundo, mas a mais importante delas está guardada em seu coração: as suas intenções. Problemas emocionais não se limitam a afetar nossas emoções, mas são um conglomerado que afeta a saúde física e espiritual.

Levar a vida de forma leve remove até a dor do seu corpo, pois se passa a viver na certeza de que não lutamos sozinhos, fazendo com que a liberação do perdão se torne um hábito.

Para sermos resilientes, devemos caminhar no centro da vontade de Deus.

De tudo o que se deve guardar, guarde bem o seu coração, porque dele procedem as fontes da vida. Provérbios 4:23

V. A ira do homem

Irar-se buscando fazer a sua justiça pode parecer, em um primeiro momento, uma atitude que resolve o problema. A falta de controle sobre as emoções e a perda do domínio próprio levam o homem à ruína. Como cristão resiliente, busque conhecer a Palavra do Senhor, apoiar-se nela e fazer dela o seu manual.

Vocês sabem estas coisas, meus amados irmãos. Cada um esteja pronto para ouvir, mas seja tardio para falar e tardio para ficar irado. Porque a ira humana não produz a justiça de Deus. Tiago 1:19-20

VI. Abra os seus olhos

A Bíblia diz que, quando Agar estava desesperada no deserto, imaginando que ela e seu filho morreriam de sede, clamou ao Senhor. Deus abriu os seus olhos, e ela viu uma fonte. A Bíblia não diz que Deus abriu a fonte, mas sim os olhos de Agar. Muitas vezes a provisão já está diante de nós, basta a enxergarmos (veja Gênesis 21).

Quem atenta apenas para o que o olho natural vê será guiado por aquilo que enxerga. Mas quem consegue enxergar o que olho natural não vê, depara-se com a promessa de Deus. É como se Deus dissesse: "Use os meus olhos. Eu vou lhe dizer o que vou fazer na sua vida, qual será o seu futuro, quais os planos que tenho para você...". Isso é possível, pois é a verdade que guia a fé.

Porém, é necessário ter intimidade com o Senhor. Entre na realidade do mundo espiritual e sobreponha-a ao mundo natural. Prove o sabor da informação confiável que Deus tem declarado em sua vida.

Isso não quer dizer que você não passará por tribulações. Elas continuarão existindo! Mas lembre-se da promessa de Cristo em João 16:33. Jesus afirma que Ele já venceu o mundo e nos mostra que nós também podemos vencê-lo, desde que estejamos unidos a Ele.

Sabemos que todas as coisas cooperam para o bem daqueles que amam a Deus, daqueles que são chamados segundo o seu propósito.

Romanos 8:28

VII. Resiliência de Paulo

Paulo definitivamente viveu, sofreu e deleitou-se no evangelho de Cristo.

Em 2 Coríntios 11:24-27, lemos o quanto ele sofreu. Recebeu cinco vezes quarenta açoites menos um, foi açoitado três vezes com varas, apedrejado uma vez quase até a morte, sofreu três naufrágios e era muito perseguido em todos os lugares.

Em sua segunda viagem missionária, Deus lhe deu essa palavra: "Não tenha medo! Pelo contrário, fale e não fique calado, porque eu estou com você, e ninguém ousará lhe fazer mal, pois tenho muito povo nesta cidade" (Atos 18:9-10). Ainda havia muito a ser feito, e muito ele ainda sofreu após essa injeção de ânimo. Paulo passou sede, fome, frio e nudez, mas venceu o bom combate, acabou a carreira e guardou a fé, como podemos ler em 2 Timóteo 4:7. Nosso Deus nos encoraja a permanecermos firmes quando estamos esmorecendo.

VIII. José do Egito e sua maravilhosa história

A partir de Gênesis 39, temos a história de um filho muito amado por seu pai, mas desprezado por seus irmãos. José era filho de Jacó e Raquel. A atitude do pai, diferenciando-o de seus irmãos mais velhos, tornou-o alvo da maldade destes. O rapaz era um sonhador! Sonhou e teve uma visão, uma revelação de Deus sobre o que aconteceria com ele, seus irmãos e pai: viu doze feixes de trigo, onze destes feixes se inclinavam diante de um deles, justamente o que correspondia a José. Outro sonho, a mesma revelação: o Sol, a Lua e doze estrelas, todos se curvam diante de uma estrela, justamente a que representava José!

Um dia, cumprindo ordem de seu pai, foi ao campo sondar seus irmãos, ver o que eles estavam fazendo. "Lá vem o sonhador!", disseram. Seus irmãos decidiram matá-lo, para junto matarem os seus sonhos. Pela intercessão de um dos irmãos, não o fizeram, mas venderam-no como escravo a mercadores midianitas, que passavam por aquele lugar.

Inicia-se, então, um período de sofrimento para José. Seus sonhos não o levaram para um lugar de destaque, mas sim para a escravidão. Ele tinha 17 anos. Era um adolescente, longe do pai, órfão de mãe e agora escravo. Foi vendido para Potifar, um oficial egípcio.

Trabalhando na casa de Potifar, José prosperou. Mesmo no cativeiro, mesmo sendo um escravo, prosperou e tudo em que colocava as mãos prosperava. O cativeiro foi abrandado, e José foi colocado por Potifar como administrador de seus bens. Mas continuava escravo.

A esposa de Potifar o desejou, convidou-o para ser seu amante, mas pela fidelidade a Deus (e ao seu patrão), ele rejeitou tal proposta. Ela insistiu e José fugiu, mas sua túnica ficou nas mãos dela. Por ser rejeitada, ferida em seu orgulho, a mulher gritou e mentiu dizendo que José a tinha atacado.

Por ser fiel, por não trair seu senhor e seu Deus, agora José é lançado na prisão. Jovem, fiel a Deus, escravo no Egito e agora prisioneiro. O que mais poderia acontecer? O sonho de governar não apenas o tinha afastado da família, mas o tinha levado ao cativeiro e à prisão.

Com o passar dos meses, o carcereiro viu em José algo diferente e o colocou como seu auxiliar. Estavam presos ali o copeiro e o padeiro do Faraó. Ambos sonharam e José interpretou os sonhos deles. Um iria morrer (o padeiro) e o outro seria reconduzido a seu cargo (o copeiro).

José pede ao copeiro que fale dele a Faraó, pois ele quer sair da prisão. Mas o copeiro o esquece e se passam dois longos anos até que Faraó tem um sonho e fica preocupado com seu significado. Os magos e intérpretes do rei não conseguem achar um significado para aquilo. É quando o copeiro se lembra de José, conta para o Faraó que na prisão há um jovem hebreu que interpretou os sonhos dele e do padeiro, e que aconteceu conforme sua interpretação.

O Faraó chama José, que ouve o sonho e o interpreta, e ainda aconselha o Faraó a como lidar com a interpretação do sonho. Faraó, admirado com a sabedoria e graça divina na vida de José, torna-o governador de todo o Egito, a segunda pessoa em poder. Os anos de fartura do sonho se acabam, e os anos de fome assolam a terra, mas o Egito tem reservas. Faraó tem um governador, que avisado por Deus, preparou celeiros e guardou a comida dos bons tempos.

A fome e sequidão chegam a Canaã, onde moram Jacó e sua família. Este envia seus filhos ao Egito para comprar mantimento. Quando os filhos de Jacó chegam ao Egito e procuram José para comprar cereais, ele os reconhece e naquele exato momento o sonho dos feixes de trigo se torna realidade: José em pé, como governador da nação mais poderosa de sua época, e seus irmãos curvados como súditos, estrangeiros e dependentes do seu favor. Foram cerca de 12 anos entre a venda de José como escravo ao cumprimento do sonho! Doze anos de sofrimento, angústia e resignação ao mandato divino. Ele sofreu confiante que seu cativeiro se tornaria em vitória, pois sabia de onde vinham os seus sonhos.

Você está preparado para caminhar e seguir a Jesus? Você tem uma confiança inabalável em Deus, independentemente das circunstâncias?

Ainda que a figueira não floresça, nem haja fruto na videira; ainda que a colheita da oliveira decepcione, e os campos não produzam mantimento; ainda que as ovelhas desapareçam do aprisco, e nos currais não haja mais gado, mesmo assim eu me alegro no Senhor, e exulto no Deus da minha salvação. Habacuque 3:17-18

IX. Confiar no sobrenatura

Deus quer fazer o sobrenatural e o extraordinário na sua vida por meio de Jesus! Aceite-o! Siga-o! Renda-se a Ele!

O fim da história será a multiplicação dos planos de Deus na sua vida. Com a leitura correta, a perspectiva muda e a posição de corresponder se torna perfeita.

X. Haverá dias bons, dias ruins, mas em todos haverá Deus

Os teus olhos viram a minha substância ainda informe, e no teu livro foram escritos todos os meus dias, cada um deles escrito e determinado, quando nem um deles ainda existia. Salmo 139:6

Pensar que algo acontece sem a permissão de Deus é incredulidade, pois Ele está no controle de todas as coisas, inclusive da sua vida. Até os cabelos de nossas cabeças estão todos contados. Nossa vida é uma história escrita por Deus, Ele determina nossos dias. Haverá dias bons e ruins, mas em todos eles também haverá a presença de Deus.

Se algo não está bom hoje, não se preocupe; isso faz parte do plano de Deus. Tudo acontece por um propósito, tudo é ensinamento e experiência, para que quando os dias bons chegarem, você possa olhar para trás e ver que vale muito a pena viver os planos de Deus.

A luta que você está enfrentando não é para pará-lo, mas para fazê-lo crescer. Ele o está tornando mais forte e resiliente. Portanto, creia em Jesus, que prometeu estar conosco todos os dias até a consumação dos séculos.

Quando você estiver assolado por muitas cobranças e pressões, precisa manter a sobriedade, sem ceder à ansiedade, manter a paz em meio às tormentas da vida, sendo resiliente. A Bíblia ensina: "Não fiquem preocupados com coisa alguma, mas, em tudo, sejam conhecidos diante de Deus os pedidos de vocês, pela oração e pela súplica, com ações de graças. E a paz de Deus, que excede todo entendimento, guardará o coração e a mente de vocês em Cristo Jesus" (Filipenses 4:6-7).

Bem-aventurado é aquele que suporta com perseverança a provação. Porque, depois de ter sido aprovado, receberá a coroa da vida, a qual o Senhor prometeu aos que o amam. Tiago 1:12

Em Hebreus 11, temos a galeria dos heróis da fé. São vários personagens que confiaram no Senhor até o fim e viram Suas promessas se cumprirem.

Seja o que for que você está passando agora, ou o que Deus está lhe mandando fazer, persevere, seja resiliente!

Mas o meu justo viverá pela fé; e, se retroceder, dele a minha alma não se agradará. Hebreus 10:38

Não que eu já tenha recebido isso ou já tenha obtido a perfeição, mas prossigo para conquistar aquilo para o que também fui conquistado por Cristo Jesus. Filipenses 3:12

Tudo posso naquele que me fortalece. Filipenses 4:13

E eis que estou com vocês todos os dias até o fim dos tempos. Mateus 28:20

XI. Dicas de ouro

Ao lermos as passagens bíblicas apresentadas, podemos perceber que há promessas implícitas em cada uma delas. Ao dedicarmos tempo para memorizá-las e deixarmos que as verdades penetrem em nossa mente e coração, iremos nos tornar pessoas resilientes, ou seja, seremos capazes de nos adaptar e superar as dificuldades e enfrentar os desafios da vida.

Veja alguns hábitos que você poderá desenvolver para se tornar mais resiliente, juntamente com a internalização das verdades bíblicas:

1. Tente manter uma mente positiva e otimista, renovando-a diariamente: "E não vivam conforme os padrões deste mundo, mas deixem que Deus os transforme pela renovação da mente, para que possam experimentar qual é a boa, agradável e perfeita vontade de Deus" (Romanos 12:2). Afinal,

enfrentar as dificuldades com otimismo ajuda a encontrar soluções e ver as oportunidades que Deus irá apontar mesmo em situações difíceis.

2. Procure construir uma rede de apoio por meio de amizades significativas, pois relacionamentos saudáveis se tornam essenciais, uma vez que compartilhar nossas necessidades com amigos e familiares pode oferecer conforto e nos ajudar a ter novas perspectivas. "Quem tem muitos amigos pode cair em desgraça; mas há amigo mais chegado que um irmão" (Provérbios 18:24).
3. Liste todos os seus problemas, analise cuidadosamente cada situação e comece a pensar em soluções práticas. Essa atitude inicial irá ajudá-lo a recuperar o controle diante das dificuldades. Ore para Deus lhe dar coragem para enfrentá-los. "Não foi isso que eu ordenei? Seja forte e corajoso! Não tenha medo, nem fique assustado, porque o SENHOR, seu Deus, estará com você por onde quer que você andar" (Josué 1:9).
4. Exercite a autocompaixão, ou seja, procure ser amável e gentil consigo mesmo durante os momentos de falha ou estresse, e procure perdoar a si mesmo, pois tais atitudes irão ajudá-lo a manter uma saúde mental e emocional mais fortes. "Pois todos pecaram e carecem da glória de Deus, sendo justificados gratuitamente, por sua graça, mediante a redenção que há em Cristo Jesus" (Romanos 3:23-24).
5. Cuide de seu corpo e da sua mente praticando atividades físicas, alimentação equilibrada e boas noites de sono. Esses hábitos irão fortalecer a sua saúde física e emocional, contribuindo para o tornar mais resiliente. "Será que vocês não sabem que o corpo de vocês é santuário do Espírito Santo, que está em vocês e que vocês receberam de Deus, e que vocês não pertencem a vocês mesmos?" (1 Coríntios 6:19).

Sem dúvida alguma, Deus é poderoso para fazer muito mais do que pedimos e esperamos. Confie nele, sempre!

Nem olhos viram, nem ouvidos ouviram, nem jamais penetrou em coração humano o que Deus tem preparado para aqueles que o amam. 1 Coríntios 2:9

ANOTAÇÕES

ANOTAÇÕES

REFLEXÕES FINAIS

As circunstâncias mudam, as dificuldades surgem, os problemas emergem. As tempestades virão, os ventos fortes e as turbulências na sua vida estarão constantemente presentes, mas você e sua casa devem estar apoiados sobre a rocha. Isso é resiliência cristã!

Diante disso você deve sinceramente se perguntar:

> Onde você apoia a sua fé?
> Onde você apoia a sua esperança?
> Onde você apoia o seu coração?
> Onde você quer que sua família esteja?

Apoie-se em Deus, pois Ele é o alicerce que você e sua família precisam. Apoie-se em Jesus, pois ele é o único que nos conduz à vida eterna. Creia, meu irmão: a resposta para todos os seus problemas está em Deus!

Como bem nos toca ao coração a canção cantada por Soraya Moraes (composição da nigeriana Sinach): "Meu Deus é Deus de milagres, Deus de promessas, caminho no deserto, luz na escuridão...". Desejamos que o Senhor nosso Deus edifique a sua casa e abençoe a sua família, hoje e sempre, em nome de Jesus Cristo, amém.

Por isso, digo a vocês: Peçam e lhes será dado; busquem e acharão; batam, e a porta será aberta para vocês. Pois todo o que pede recebe; o que busca encontra; e a quem bate, a porta será aberta. Lucas 11:9-10

Receba nosso forte, caloroso e amoroso abraço!

Tato Moraes

Juliano Palmiro

Fernando Dalla Palma

BIBLIOGRAFIA

BANKS, James. Oração pelos filhos pródigos. Curitiba: Publicações Pão Diário, 2016.

BERGER, Lonnie. Cada homem um guerreiro, Livro 1, 2 e 3. São Paulo: Rádio Trans Mundial, 2016.

BOSEL, Hidor. O Caminho para Deus. 13 ed. Curitiba: Maranata, 2021.

CHAPMAN, Gary. As quatro estações do casamento. São Paulo: Mundo Cristão, 2006.

COLE, Edwin. Homem ao máximo. 3 ed. Pompéia: Universidade da Família, 2016.

DAYTON, Howard. Dinheiro e casamento à maneira de Deus. Universidade da Família, 2003.

DOBSON, James. Momentos com Deus. Curitiba: Betânia, 2004.

DOUGLAS, Willian. Sociedade com Deus. Rio de Janeiro: Sextante, 2014.

EARLY, Dave. 8 Hábitos do líder eficaz. Curitiba: Ministério Igreja em Células no Brasil, 2006.

ELDREGE, John. A grande aventura masculina: Como encontrar seu coração selvagem e descobrir uma vida de desafios e emoções [Tradução Emirson Justino]. Rio de Janeiro: Thomas Nelson Brasil, 2007.

__________. Coração selvagem. Rio de Janeiro: Thomas Nelson, 2019.

FERREIRA, Marcos. Além da resiliência. Curitiba: Discipular/Publicações Pão Diário, 2023.

GRAHAM, Billy. O poder do Espírito Santo. 2 ed. São Paulo: Vida Nova, 2009.

LAGO, Davi. Além da ansiedade: sabedoria para vencer as preocupações e angústias existenciais. São Paulo: Editora Vida, 2023.

LUCADO, Max. Derrubando Golias. 2 ed. Rio de Janeiro: Thomas Nelson, 2017.

LUTZER, Erwin. Aprenda a viver bem com Deus e com seus impulsos sexuais. Curitiba: Betânia, 1984.

MACARTHUR, John. Pais sábios, filhos brilhantes. Rio de Janeiro: Thomas Nelson, 2014.

MACDONALD, Gordon. Ponha ordem no seu mundo interior. 2 ed. Curitiba: Betânia, 2019.

MORRIS, Robert. Uma vida abençoada. Rio de Janeiro: Luz às Nações, 2010.

PAES, Catito. Homens imparáveis. São Paulo: Inspire, 2018.

ROBINSON, Haddon. Decisões. Curitiba: Publicações Pão Diário, 2008.

ROSBERG, Gary; ROSBERG, B. E foram felizes para sempre...Viva o amor real que blinda o casamento, entendendo as necessidades do seu cônjuge. [Tradução: Maria de Lourdes Vaz]. Rio de Janeiro: Graça, 2014.

SUBIRÁ, Luciano. Até que nada mais importe. São Paulo: Hagnos, 2018.

TITUS, Devi. A experiência da mesa. São Paulo: Mundo Cristão, 2013.

TUNALA, Marcio. O coração do líder. Curitiba: Discipular, 2020.

WARREN, Rick. Uma vida com propósitos. São Paulo: Editora Vida, 2013.

Se você gostou desta leitura, compartilhe com outros!

- Presenteie alguém com um exemplar deste livro.
- Mencione-o em suas redes sociais.
- Recomende-o para a sua igreja, clube do livro ou para seus amigos.

TEMOS UM PRESENTE PARA VOCÊ!

Aponte a câmera do seu celular para o QR Code ao lado e saiba mais.

CONVIDAMOS VOCÊ A EXPLORAR O CANAL DO *ARRUMANDO A CASA* NO YOUTUBE.

Acesse conteúdos exclusivos dos autores e aprofunde-se no tema.

Basta apontar a câmera do seu celular para o QR Code e aproveite a leitura!

Instagram: paodiariooficial
YouTube: @paodiariobrasil
Facebook: paodiariooficial
Site: www.ministeriospaodiario.org